淘宝天猫
店铺运营实战

搜索优化、视觉设计、营销推广与爆款打造

任小龙 编著

人民邮电出版社

北京

图书在版编目（CIP）数据

淘宝天猫店铺运营实战：搜索优化、视觉设计、营销推广与爆款打造 / 任小龙编著. -- 北京：人民邮电出版社，2020.1（2021.12重印）
ISBN 978-7-115-52235-1

Ⅰ．①淘… Ⅱ．①任… Ⅲ．①网店－运营管理 Ⅳ．①F713.365.2

中国版本图书馆CIP数据核字(2019)第219067号

内 容 提 要

本书抛开传统的开店和运营思路，侧重讲解店铺引流和转化技巧，帮助商家提升销量。

全书共分为11章，系统地讲解了店铺推广、引流与转化的基本方法和技巧，具体内容包括：16个免费引流妙计、18个付费引流技巧、3种SEO优化方式、6个权重提升方法、6个标题优化方法、10类热门主图设计、8种互动营销方式、6类内容营销玩法等。

本书适合淘宝、天猫店铺运营从业者阅读，特别是那些想加强店铺引流、排名提升、视觉优化、爆款打造的店家，同时也可作为电商培训机构或者学校电商运营相关课程的辅导教材。

◆ 编　著　任小龙
　　责任编辑　马　霞
　　责任印制　周昇亮

◆ 人民邮电出版社出版发行　　北京市丰台区成寿寺路 11 号
　　邮编　100164　电子邮件　315@ptpress.com.cn
　　网址　http://www.ptpress.com.cn
　　北京虎彩文化传播有限公司印刷

◆ 开本：700×1000　1/16
　　印张：16.5　　　　　　　　　2020 年 1 月第 1 版
　　字数：269 千字　　　　　　　2021 年 12 月北京第 4 次印刷

定价：69.80 元

读者服务热线：(010)81055296　印装质量热线：(010)81055316
反盗版热线：(010)81055315
广告经营许可证：京东市监广登字 20170147 号

前　言

淘宝电商虽然发展得如火如荼，但很多人却面临诸多问题。

◆ 起步难：传统企业转型电商，起步困难。

◆ 无团队：没有专业电商人才，团队难组。

◆ 无流量：流量贵，引流难，即使有流量却也不转化。

◆ 无效果：店铺推广无转化，营收提升很困难。

此时此刻，您遇到的问题和困难可能远远不止这些。淘宝、天猫开店和运营到底如何做才能更好，这是很多商家、营销人员都在摸索和研究的问题。因此，笔者针对大部分商家遇到的困难和销售瓶颈，编写了这本书，全书主要包含以下内容。

店铺引流篇	→	免费流量	付费流量
排名提升篇	→	SEO 优化	权重提升
		标题优化	
视觉优化篇	→	主图优化	装修设计优化
营销推广篇	→	活动营销	内容营销
爆款打造篇	→	数据选品	打造爆款

笔者有 11 年的电商从业经历，从一个电商小卖家到电商知名自媒体，经历

了风风雨雨。电商平台规则近几年发生了各种变化：2014 年的 SEO 优化，2015 年的"7 天螺旋玩法"，2017 年的内容营销。到 2018 年，电商平台越来越多，拼多多等一一崛起。一些商家在没有目标、没有远见的时候，不惜代价违规操作，轻则宝贝被屏蔽或删除，重则直接被封店。笔者出这本书的目的是让更多的中小卖家不走弯路。

本书介绍了免费流量与付费流量的获取、SEO 优化、权重提升、标题优化、主图优化、装修设计优化、活动营销、内容营销、数据选品以及爆款打造等淘宝、天猫电商实战技巧，帮助商家吸引消费者，有针对性地获取更精准的客户群体，从而提升店铺销量。同时，书中还介绍了很多提升转化和引流的方法，让淘宝、天猫的店铺营销更高效、更精准，商家可以更直接地看到效果。

本书主要针对有一定开店经验和店铺销量上不去的商家，以及正在转型的传统企业。本书抛开了传统的开店和运营思路，侧重讲解淘宝、天猫开店和运营的一些全新玩法。同时，书中的内容都是一些实实在在的操作方法，可以为店铺运营带来更多新的方向。

本书重在"新"玩法，主要体现在以下几点。

（1）落地实用：本书是一本帮助淘宝、天猫卖家突破业绩瓶颈的实用操作指南，主要帮助卖家深刻洞悉买家心理，轻松玩转粉丝经济，快速打造个人品牌，轻松掌握淘宝、天猫店铺营销之道。

（2）案例真实：本书不仅有系统、全面的知识讲解，更有月销百万的卖家的实战经验的真诚分享，让读者一开始就"站在巨人的肩膀上"。本书从实际案例出发，手把手教卖家从零开始做运营，帮助卖家迅速上手、少走弯路。

（3）名师指导：笔者拥有多年的从业经验，提炼了大量操作性强的方法和技巧，帮助卖家省时、省力。

（4）解决痛点：本书可以帮助卖家轻松解决店铺运营中的各种痛点难题，如业绩没有起色、没有流量、没有时间管理、没有销量基础、产品推不动、团队养不起以及专业知识不够等。

"纸上得来终觉浅，绝知此事要躬行"，风雨历程，成就精湛技艺。笔者积累了 11 年经验，现在，遇见有需求的你，用我的方法来帮助你解决店铺问题，让成交率涨、涨、涨！

参与本书编写的人员还有苏高等人，在此对他们表示感谢。由于笔者知识水平有限，书中难免有错误和疏漏之处，恳请广大读者批评指正，联系微信：157075539。

编者：任小龙

2019 年 9 月

目　录

店铺引流篇

排名提升篇

视觉优化篇

营销推广篇

爆款打造篇

店铺引流篇

第 1 章

免费流量：
零成本让店铺流量翻番

　　对于商家来说，流量的重要性是不言而喻的。很多商家都在利用各种各样的方法来为店铺和产品引流，目的就是提升产品销量、打造爆款。流量的提升说难不难，说容易也不容易，关键是看商家怎么做。舍得花钱的商家可以通过付费渠道来引流，预算少的店铺则可以充分利用免费流量来提升产品曝光度。本章主要介绍一些重要的免费引流技巧，帮助商家提升产品权重，引爆流量。

1.1 淘宝、天猫引流必懂的几个词

在做淘宝、天猫店铺引流之前，卖家需要了解下面这些流量统计的相关术语，清楚它们的意义和作用。

（1）PV：即 Page View（访问量），表示页面浏览量或点击量，用户每次刷新即计算一次。PV 表示店铺各页面被查看的次数，用户多次打开或刷新同一个页面，该指标值可以累加。比如用户进入店铺，看了 3 个产品，每个产品一个页面，那么该用户一共为店铺贡献了 4 个 PV，包括"店铺首页 + 产品 1+ 产品 2+ 产品 3"。

（2）UV：即 Unique Visitor（独立访客），访问者访问一个网店的一台电脑客户端即为一个访客。每天同一台电脑的客户只会被记录一次，所以 UV 是不可以累加或相减的。另外，一个 IP（下文会具体介绍）从多个客户端进行访问，每个客户端也只能算一个 UV。

（3）SKU：即 Stock Keeping Unit（库存量单位），可以简单地理解为每个商品的属性，即颜色、尺码等信息。例如，图 1-1 所示的女秋冬短裤商品，深黑色 S 码是一个 SKU，米色 L 码又是一个 SKU。

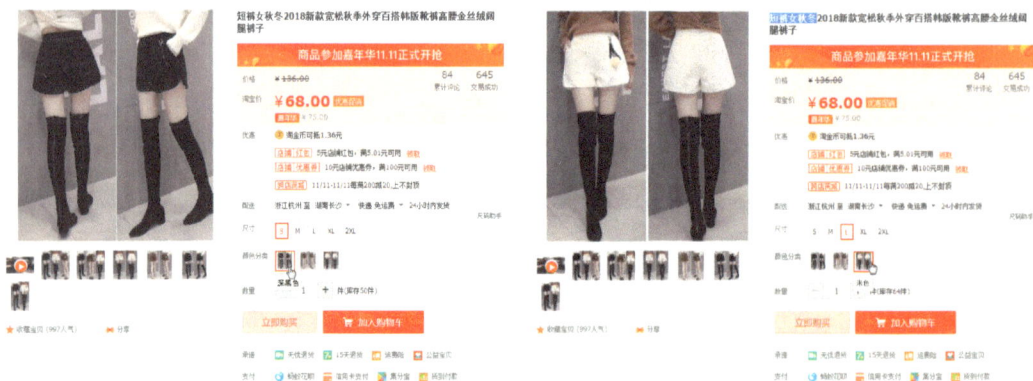

图 1-1　商品 SKU 示例

（4）IPV：商品详情页访问量，指买家找到某个店铺的宝贝后，点击进入宝贝详情页的次数。

（5）IP：独立 IP 地址，网络之间互连的协议（IP），是 Internet Protocol 的外语缩写，中文缩写为"网协"。独立 IP 地址是指用户的虚拟主机独立地拥有一个 IP 地址，不会和其他的网站共享一个 IP。用户在百度搜索引擎中输入关键词"IP"，即可得到本机的 IP 地址，如图 1-2 所示。

图1-2 查看IP地址

▶专家提醒

　　UV 和 IP 的区别：局域网多个电脑客户端使用同一个 IP 的，记录一个 IP 地址、多个 UV；同一个电脑客户端使用不同 IP 进行操作，记录一个 UV、多个 IP 地址。

　　（6）KA：Key Account 直译为"关键客户"，中文意思为"重点客户"或"重要的客户"，也可以理解为那些"钻石"数量比较多、好评率高的活跃买家，以及回头客等。

　　（7）SEO：即 Search Engine Optimization（搜索引擎优化），通俗点说就是自然搜索。真正意义上的淘宝 SEO 分为两种，第 1 种是淘宝店铺在淘宝站外的搜索引擎（如百度、谷歌等）的搜索排名优化；第 2 种就是淘宝网站内的搜索排名优化。

▶专家提醒

　　第 1 次推出淘宝 SEO 的是一个叫淘宝 MBA 研究院的团队，他们对淘宝 SEO 的理解是第 2 种概念，即淘宝网站内的搜索排名优化，细分出来分别是：所有宝贝搜索排名优化、人气宝贝搜索排名优化、所有宝贝类目排名优化、人气宝贝类目排名优化 4 类优化。本书支持的对淘宝 SEO 的定义也就是淘宝 MBA 研究院所理解的概念，既然是淘宝 SEO，肯定更应该倾向于淘宝站内的搜索优化。

1.2 免费流量的三大入口

　　淘宝运营其实就是每天和流量打交道，有了流量才能谈及转化率。如果单纯依靠付费流量，则运营成本太高，会给卖家带来很大的压力。通常，一家健康的店铺应该是以免费流量为主，以付费流量为辅的。本节将介绍淘宝免费流量的三大入口，卖家可以从这几个入口切入淘宝的流量池。

1.2.1 搜索流量入口

　　搜索流量主要来自淘宝 PC 端主页和 App 的搜索入口。淘宝的自然搜索流量是免费的流量，而且它引来的流量非常精准，能够有效提高店铺的转化率。例如，某买家在淘宝上搜索"床单"时，在搜索结果中找到并点击了你店铺的商品链接，而你并没有做任何广告宣传，这就是免费的自然搜索流量，如图1-3所示。

图1-3　自然搜索流量示例

1.2.2　类目流量入口

类目流量是指点击淘宝首页类目入口进入店铺的流量。例如，某买家在淘宝首页的类目列表中选择"女装→毛衣"，如图1-4所示，然后买家在"毛衣"的类目搜索结果中点击进入一家没有做付费宣传的店铺，这就是免费的类目流量。

图1-4　通过类目查找商品

类目流量的主要特征如图 1-5 所示。

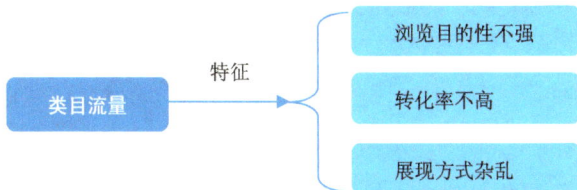

图1-5　类目流量的主要特征

1.2.3　专题流量入口

专题流量入口是指卖家报名参加淘宝商城专题活动，由此获得的进入店铺的流量。图 1-6 所示为某店铺已报名参加的专题活动。

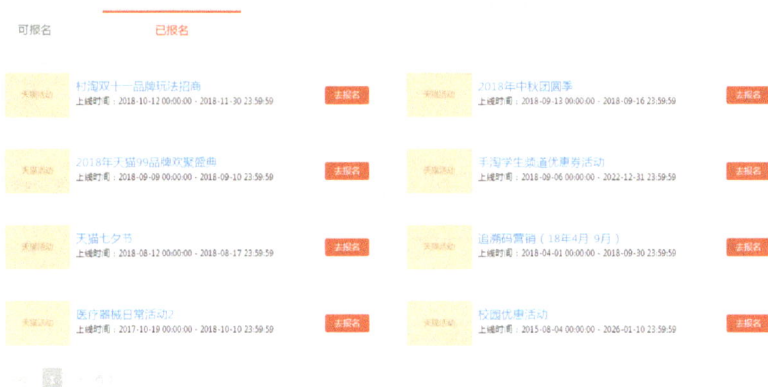

图1-6　某店铺已报名参加的专题活动

报名参加淘宝专题活动后，店铺在活动期间可以快速吸引大量流量，因此卖家一定要多关注淘宝近期的活动安排。

> ▶ 专家提醒
>
> 　　店铺信用等级只要是 3 颗星及以上，就可以免费报名"天天特价"活动；店铺信用等级是 1 钻及以上，可免费报名"夜抢购"活动；店铺信用等级是 3 钻及以上，可免费报名"淘抢购"活动。

1.3　淘宝、天猫怎么获取免费流量

在电子商务中，免费流量其实很大程度上是指付费推广以外带来的流量。对于淘宝商家来说，店铺要如何引流，如何快速提升店铺流量呢？首先我们需要了解流量的组成和本质，并学会对其进行分析，选对适合自己的推广方法。

在淘宝、天猫平台中，免费流量可以分为两大部分：一个是新顾客自然搜索的流量，如站内搜索和类目导航等；另一个是老顾客带来的流量。其中，老顾客的流量价值明显会更高，搜索的自然排名流量效果较差，但往往是最大的流量来源。

很多中小卖家在获取免费流量这一块觉得很棘手，本节整理了 16 种淘宝免费流量的获取方法，帮助卖家获得更多免费流量。

1.3.1　主营类目优化

很多中小卖家在运营店铺时，喜欢运营多个类目，认为类目越多机会就越多，其实这是一个错误的想法。如今，淘宝是一个"千人千面"的平台，如果卖家还是用这种思维来经营店铺，则系统给予的流量可能与类目不符合，从而导致不能形成有效的转化。

淘宝优先展示类目的主要原则包括两个方面，如图 1-7 所示，这两个方面能保证买家在类目入口中快速找到自己想要的商品子类目。

图1-7　淘宝优先展示类目的原则

因此，卖家应重视商品的类目划分，在类目选择上一定要准确。例如，经营化妆品的店铺千万不能卖衣服，这样会直接导致主营占比很低，从而影响店铺排序的权重。总之，店铺中同类目下的商品越多、销量越好，店铺的主营类目就越明确，同时会得到更好的整体排名。

1.3.2　店铺类型优化

淘宝 C（Consumer）店也就是个人店铺的意思，或者也可以称为集市店铺，而淘宝 B（Business）店则指的是天猫商城店铺。不同的店铺类型权重也是不一样的，如 C 店的权重就要低于天猫店铺，所以天猫店铺可以获得更多的优先展示机会。例如，搜索关键词"珠宝"时，排在第 1 页的 3 个店铺都是天猫店，而排在第 2 页的 3 个店铺则都是 C 店，如图 1-8 所示。

另外，企业店铺的权重也是高于个人 C 店的。符合一定条件的用户可以在注册时选择企业账户，如图 1-9 所示。同时，有足够资质的 C 店也可以申请成为企业店铺，企业的法人或股东都可以进行申请。

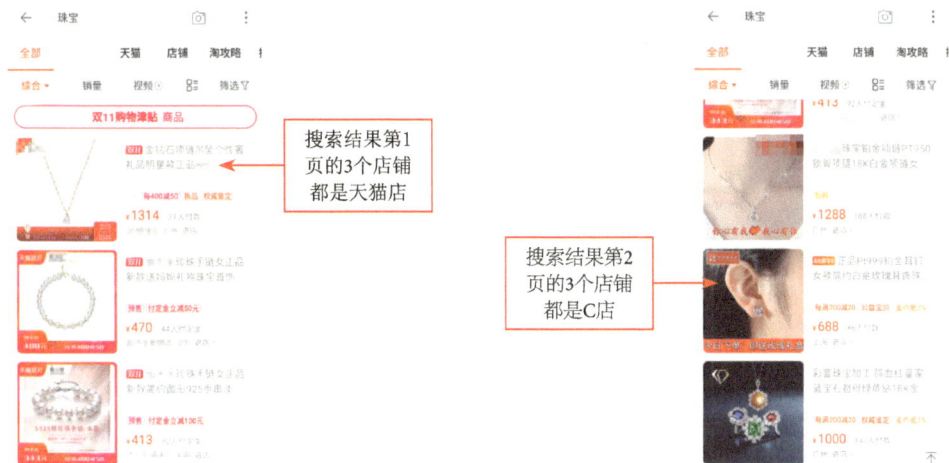

图1-8 天猫店铺的权重通常高于一般C店

图1-9 注册企业店铺

1.3.3 宝贝属性优化

买家在搜索商品时，通常还会设置一定的筛选条件，通过筛选属性来获取合适的商品信息，从而更加精准地找到自己想要的商品。例如，在搜索关键词"鲜花"时，买家除了可以设置品牌、适用场景、适用对象和鲜花主花材等商品属性外，还可以设置鲜花朵数、适用节日、主花材原产地以及相关分类等筛选条件，如图1-10所示。

因此，对于卖家来说，宝贝属性的设置就显得非常重要，卖家应该更加精准地匹配用户需求，以便被有需求的买家快速找到。宝贝属性优化的原则如图1-11所示。

图1-10 鲜花产品相关的搜索属性

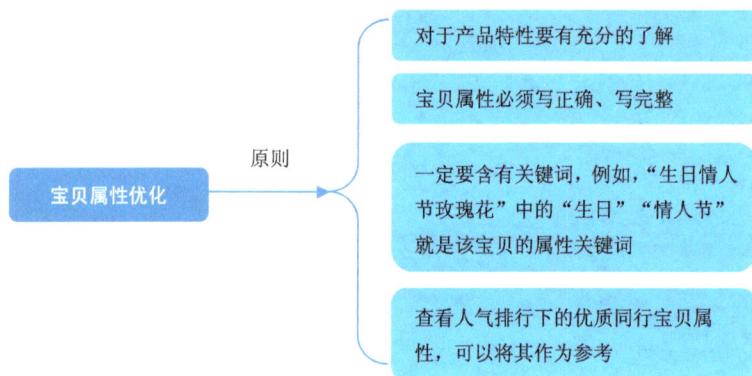

图1-11 宝贝属性优化的原则

1.3.4 标题关键词优化

宝贝标题关键词是抢占搜索流量入口的重要因素，因此标题的设置非常重要。卖家可以在其中添加一些搜索热度高和匹配度高的关键词，从而让商品获得更多的曝光量，吸引更多用户点击。具体的标题优化方法会在本书第5章进行详细介绍，此处不再赘述。

1.3.5 打造新品标签

"新品"能够帮助商家的产品获得大量额外展现的机会，因此很多商家在上架新款产品时，都希望马上能够给商品打上"新品"，如图1-12所示。要注意，并不是每一个类目都有"新品"标签，服饰配件、箱包、鞋类以及饰品等季节性的更新较快的产品才有"新品"标签，而电器、手机以及数码类产品则没有"新品"标签。

在"打标类目"中，获得了"新品"标签的商品可以增加搜索权重，并得到更好的搜索排名，成交量会有很大的提升，而且还能有效降低客户流失。淘宝对新品的定义就是一个全新的产品，可以从3个角度去考虑：标题、图片和产品属性。

图1-12　给商品打上"新品"

1. 标题

一个新产品在发布之前写标题的时候，卖家要测试标题的唯一性。例如，一般服装类标题的组成形式为：品牌 + 营销词 + 核心关键词 + 宝贝风格 + 宝贝卖点（或者热搜属性）+ 类目词。写好后可以把整个标题复制到淘宝搜索栏中去搜索，看有没有相同的标题，如图 1-13 所示。如果发现有相同的标题，卖家需要修改其中的词，然后再进行测试，直到找不到相同的标题即可。

图1-13　测试标题的唯一性

2. 图片

图片包含主图和详情页，是 3 个因素中最重要的，尤其是主图。图片导致没有"新品"标签的主要原因是：不是实拍图或者不是原创的图片。如果盗用其他店铺图片，即便是新品，也不能获得"新品"标签。

图片中的唯一性可以从以下两个方面入手。

（1）改变图片的色块值。网页上的图片都是 RGB 模式（红、绿、蓝 3 个颜色），这种模式的图片有一个特点就是：放大之后，图片是由一个个色块组成的，每个色块上面都是不同的 RGB 色值。卖家可以通过一些方法来改变图片的色块排列，如抠图、更换图片背景、改变图片的角度（翻转、镜像图片）、改变图片的大小、改变图片的格式、利用图层叠加等，以改变图片的色块值。

（2）删除图片属性信息。拍摄的原始照片上通常会保留图片信息，如图1-14所示。卖家可以利用光影魔术手、可牛等图片处理软件打开照片，然后在保存时选中"删除EXIF信息"复选框，如图1-15所示。

图1-14　图片属性信息

图1-15　选中"删除EXIF信息"复选框

3. 产品属性

产品属性需要注意货号不要跟其他产品的条形码重复，商品条形码就跟商品身份证一样，扫一扫就知道是哪个产品。如果店里的产品都填同一个条形码，则系统会默认是同一种产品，认为你是在重复铺货。当然，如果不填条形码，就不会有"新品"标签，所以一定要标码增加权重，如图1-16所示。

图1-16　填写商品条形码

1.3.6　引导用户收藏

在店铺的人气指标中，收藏是一个非常重要的因素，可以反映店铺或商品的受欢迎程度，而且收藏高的店铺或商品还能获得优先展示的机会。因此，卖家一定要关注收藏率和收藏量，同时多引导用户收藏，主要方法如图1-17所示。

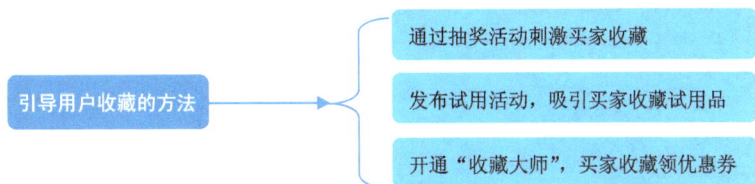

图1-17　引导用户收藏的方法

　　店铺或商品的收藏量大的话，还可以带来更多的老客户流量。淘宝拼的就是流量，一个新的流量转化有多难，想必做电商的都清楚。老客户维护和营销是当今淘宝商家不容忽视的，可采取的方式如：店铺会员折扣，老客户定期送新款画册等。从销售学上讲，一个老客户身边潜藏着 250 个潜在客户。这部分资源，是值得卖家努力争取的。卖家可以将老顾客引到微信上，来维护好客户，每次店铺上新时，只要发到朋友圈，客户就能看到。

1.3.7　引导用户加购

　　"加购"是指买家把该商品加入购物车，如图 1-18 所示。买家在做出收藏和"加购"等动作时，通常是对该商品有需求，或者比较感兴趣，这些潜在消费者都是高转化流量。与收藏一样，"加购"也是人气指标中的一个重要因素，不仅可以提高自然搜索权重，而且还可以作为二次营销的良好渠道。通常，有"加购"行为的用户都具有一定的购买意向，是卖家需要重点关注和推广的对象。

图1-18　加入购物车

如果买家同时进行"加购"和收藏，"加购"的权重会更高，更加有利于提升转化率。卖家应该在提升转化率方面努力，可以通过优先发货、开展店铺活动以及送购物券之类的促销方式，来刺激买家"加购"和下单，如图1-19所示。

图1-19 引导用户"加购"

1.3.8 引导用户好评

好评率不但对C店卖家的成交率有直接的影响，而且还会对店铺流量产生一定影响。好的消费体验是买家给好评的基本条件，好的消费体验包括"上帝"般的服务、靠谱的产品和超出预期的惊喜（如赠品或VIP福利等）。

要引导和推动用户给予好评，卖家可以从以下3个方面入手。

（1）展示老顾客评价：在宝贝评价等页面，展示其他老顾客的好评内容，通过潜意识来引导买家的从众心理，让他们给出类似的好评，如图1-20所示。

图1-20 展示老顾客评价引导用户好评

> ▶ 专家提醒
>
> 有些店铺在经营过程中积累了许多老顾客，此时卖家可以把售后卡以刮刮乐的形式发放给老顾客，让买家产生主动的抽奖和购买行为。总体来说，这种方式能给买家带来更多的网购惊喜，更能吸引买家的注意力，对于老顾客的激活吸粉更有效果。

（2）好评活动：当买家收货结算时，卖家可以通过旺旺、短信、电话、小卡片以及微信等渠道，提醒买家参与写评价活动，如"写好评赢大奖"等。

（3）温馨的客户关怀提示：卖家可以在买家等待收货的这段时间内，通过短信或电话形式告知相应的发货和物流信息，顺便提醒买家在收货时给予好评。

1.3.9　参加免费试用

店铺在刚推出新品时，由于其产品性能、功效等方面都还不被人所知，所以要打造产品品牌就更加困难了。为了加大新品的推广力度和曝光率，很多时候商家们都会参加淘宝官方活动，其中淘宝免费试用活动是最适合做新品推广的。

目前，淘宝的试用中心已经更名为阿里试用，如图 1-21 所示。阿里试用作为集用户营销、活动营销、口碑营销和商品营销为一体的营销导购平台，为数百万商家提升了品牌价值与影响力。当消费者成功申请到免费试用的产品后，在体验产品的同时，还需要针对自己的实际使用体验，写一份客观真实的试用报告。

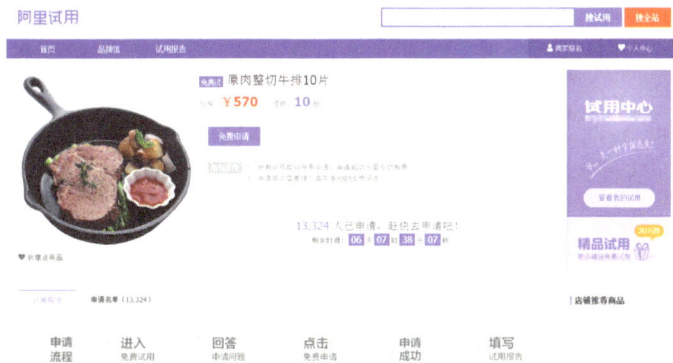

图1-21　阿里试用

1.3.10　橱窗推荐引流

淘宝橱窗就好比实体店中的展货架，可以摆放一些商品，用来吸引顾客进入自己的店铺。淘宝橱窗推荐同样可以为网店引流，能够有效增加店铺的曝光量，提高成交率。橱窗推荐引流的要点如图 1-22 所示。

图1-22　橱窗推荐引流的要点

另外，淘宝橱窗包括精品橱窗和普通橱窗两种形式，其中前者获得的曝光量要高于后者，引流效果依次为：精品橱窗商品＞普通橱窗商品＞非橱窗商品。卖家可以依次进入"卖家中心"→"出售中的宝贝"→"橱窗推荐宝贝"→"精品橱窗推荐功能"页面，查看精品橱窗是否都设置好了。卖家可以点击商品右侧的"设置精品橱窗"链接来设置精品橱窗推荐，如图1-23所示。

图1-23　设置精品橱窗

精品橱窗设置完成后，相应的商品右侧会点亮黄色的五角星图标，而没有设置精品橱窗推荐的五角星则显示为灰色的状态，如图1-24所示。

当买家在搜索商品时，有橱窗推荐的商品就会获得优先展示的机会，从而获得更大的浏览量和更高的点击率。注意，设置橱窗推荐的商品不一定会靠前展示，还需要结合其他的搜索排序因素。

▶ 专 家 提 醒

决定转化率的不是你的描述和转化能力，而是买家对店铺的信任。买家更容易相信的是买过产品的人的评价，有图为证的评价更有可信度。所以一定要用心地去写一些攻心的评价并配以真实的美图，这可以使你的产品转化率明显提高。

		出售中的宝贝	橱窗推荐宝贝	淘宝VIP宝贝	淘宝服务宝	淘宝客推广宝贝	心选推荐	村淘宝贝		宝贝回收站

宝贝名称：　　　　　　　　　　　　　搜索

已推荐（15/70）　未推荐　◆ 橱窗位数量规则>>

宝贝名称	价格	库存	总销量	发布时间◆	操作
□ 全选　取消推荐					
□ 已推荐	79.00	6	0		★ 取消精品橱窗 取消推荐
□ 已推荐	34.00	3	0		★ 设置精品橱窗 取消推荐

图1-24　设置精品橱窗推荐的效果

1.3.11　微淘引流

微淘是一个很好的无线端引流工具，可以帮助店铺积累更多粉丝，带来大量的移动端流量。卖家不仅可以通过微淘吸引更多新客户，同时还能更好地维护老客户，增加客户黏性。

卖家在发布微淘内容时，可以紧扣系统热搜词来策划相关的内容，从而让微淘内容获得更大的曝光量，如图1-25所示。另外，卖家发布的内容会按照发布时间在动态页面中呈现出来，店铺的所有粉丝都能够及时看到这些内容，如图1-26所示，因此动态页面是微淘引流的主要阵地。

图1-25　微淘搜索的系统热搜词

图1-26　卖家的微淘动态

1.3.12　千牛引流

千牛的主要功能包含商品管理、交易管理、评价管理、店铺管理、数据运营、促销管理、采购管理、客服管理、客户运营、企业协同、金融服务、仓储物流、短视频推广等。

使用千牛客户端进行引流，卖家首先要掌握商品上下架时间的调整方法。商品上架的剩余时间对于排名有很大的影响，当商品快下架时，如即将要下架的那一天，尤其是在最后几十分钟内，可以获得最有利的展示位置。因此，卖家可以通过千牛客户端来调整一个合适的上下架时间，让商品在临近下架时，可以被更多的买家看到。具体设置方法如下。

（1）卖家可以登录千牛 App，在"工作台"界面中点击"商品"按钮，如图 1-27 所示。

（2）进入"商品"界面，点击"商品管理"按钮，如图 1-28 所示。

图1-27　点击"商品"按钮

图1-28　点击"商品管理"按钮

（3）进入"默认工具设置"界面，选择"普云商品"工具，如图 1-29 所示。

（4）进入"普云商品"界面，点击"智能上下架"按钮，如图 1-30 所示。执行操作后，即可开启"智能上下架"流量优化方案。

另外，千牛还可以进行标题优化、橱窗推荐引流、淘口令引流等设置，非常方便快捷，能够为店铺带来大量流量。例如，在"普云商品"工具主页中点击"标题优化"按钮，系统会自动检测店铺的标题并给出合适的优化建议，让商品标题能够被更多买家搜索到，获得更多自然搜索流量，如图 1-31 所示。

图1-29　选择"普云商品"工具

图1-30　点击"智能上下架"按钮

图1-31　"普云商品"工具的"标题优化"功能

1.3.13　聚划算引流

聚划算是一个展现卖家服务的互联网团购平台，包括商品团、品牌团、非常大牌、聚名品、全球精选、量贩团以及旅游团等子类目。商家可以在淘宝营销中心选择聚划算，点击"我要报名"按钮即可参与，如图 1-32 所示。

图1-32　聚划算报名页面

聚划算是淘宝内部优质流量的汇集处。对于商家来说，聚划算用得好，不仅可以为自家店铺和商品带来丰富的真实流量，更有助于打造爆款，提升店铺销售额。

1.3.14　天天特价引流

淘宝天天特价是淘宝网扶持中小卖家的一个官方活动，是商家促进销量必须参加的一个活动，也是能让消费者享受到优惠的地方，如图1-33所示。

图1-33　"天天特价"活动页面

商家可以通过卖家中心找到"天天特价"的报名入口，在活动主页点击"商家报名"按钮即可。天天特价的门槛比较低，大部分的商家都可以去做，做好了可以更好地增加流量，带动店铺销量。

1.3.15　阿里旺旺引流

阿里旺旺是淘宝网为消费者量身定做的网上商务沟通软件。阿里巴巴客户端产品族包括阿里旺旺、千牛以及云旺 3 款工具，其主页如图 1-34 所示。

图1-34　阿里巴巴客户端产品族主页

从上图中可以看到，阿里旺旺主要是针对买家的社交工具，但商家也可以通过阿里旺旺发送宝贝链接，快速分享自己的商品，同时还可以给买家发红包。同时，买家在搜索商品时，可以将筛选条件设置为旺旺在线的卖家。因此，如果你的旺旺一直保持在线，也能够有效减少客户的流失，从而获取更多曝光机会。

另外，商家也可以利用云旺这个社交工具来引流。云旺拥有即时通信、客服和数据分析等功能。云旺拥有强大的智能分流能力，日均可分流 3 亿次，同时还提供客服工作台和主管工作台，客服主管可以通过云旺轻松管理上百个客服，单个客服也可以同时接待上千个客户。云旺的数据分析功能主要包括聊天分析、绩效分析和推送分析等，能够让商家随时掌握聊天用户数、消息数和热门问题等信息。云旺还可以分析各类客服数据，并生成效果评估报告，让商家快速找到问题，解决问题，尽可能地留住顾客，将流量转化为销量。

1.3.16　淘口令引流

淘口令是淘宝深挖社交媒体市场的一个站外工具，可以和微信、朋友圈等渠道结合起来为店铺引流。在分享店铺商品时，卖家可以通过淘口令的形式来分享商品链接，买家复制口令后，打开淘宝客户端即可直接进入相应商品的详情页面。卖家可以登录千牛 App，在"工作台"界面中点击"营销"按钮进入其界面，在"官方营销工具"选项区中点击"营销中心"按钮，如图 1-35 所示。

进入"营销中心"界面，选择"淘口令"工具，如图 1-36 所示。

图1-35　点击"营销中心"按钮

图1-36　选择"淘口令"工具

之后即可进入"淘口令"界面创建淘口令，设置相应的口令、关联内容和起止时间，如图 1-37 所示。点击"完成"按钮，选择要推广的内容（如宝贝、店铺、优惠或者自定义网址），即可生成淘口令，如图 1-38 所示。

图1-37　设置淘口令

图1-38　生成淘口令

1.4 利用站外渠道引流

淘宝的站外引流渠道非常多，比较常见的有微博、微信、社群以及各种自媒体渠道，也可以利用站外 SEO 与 UEO（User Experience Optimization，用户体验优化）相结合的渠道引流，本节将介绍具体的方法。

1.4.1　利用微博推广网店

淘宝和新浪微博在多个领域进行了合作，甚至还发布了微博淘宝版，将双方的账号体系打通，淘宝卖家可以直接通过微博淘宝版来上架和管理商品，还可以实现商情监控。

> ▶ 专家提醒
>
> 微博吸粉引流的关键是要提供用户感兴趣的内容，围绕这个内容产生互动，自然而然地，用户就能成为卖家的粉丝。例如，女装类目的卖家可以在微博上发布关于穿衣搭配的文章，迎合年轻女性的需求，使她们对发布的内容产生兴趣，从而成为卖家的粉丝。

另外，新浪微博还开通了微博橱窗和淘宝优惠券等社交电商功能，商家可以直接在微博中导入淘宝店铺的商品和优惠券，与消费者进行互动。消费者则可以通过微博来领取商家的优惠券，直接在微博中购物消费，如图 1-39 所示。

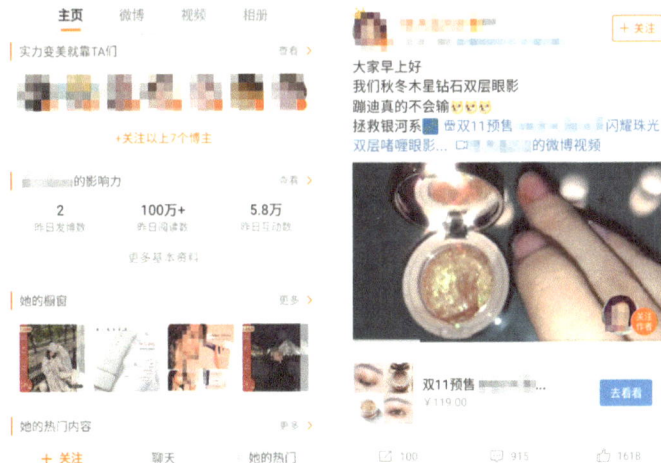

图1-39　微博橱窗和动态中都可以插入商品

> ▶ 专家提醒
>
> 淘宝卖家可以进入新的旺铺后台，点击"绑定"，即可绑定微博并开通微博淘宝版，开通之后即可带有"淘"标识。

1.4.2　利用微信推广网店

与微淘和微博不同，微信是以社交为主的。微信不仅可以为淘宝天猫卖家引流，而且还能帮助他们更好地管理和维护店铺客户群。下面介绍相关的微信推广技巧。

（1）发福利：逢年过节是大家的消费高峰期，卖家可以在微信群内发红包或者一些小赠品，在提升节日气氛的同时还能吸引大家到店铺消费，如图1-40所示。有条件的卖家甚至可以每天都发红包，但金额不用太多，只需要保证微信群的活跃度即可。

（2）预上新：当店铺有新品即将上架时，专家可以先在微信群中发布新品的优惠互动信息，提醒喜欢尝鲜的群友及时下单购买，如图1-41所示。

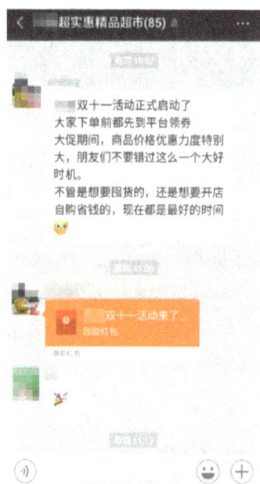

图1-40　发福利与粉丝互动　　　　图1-41　发布新品的优惠互动信息

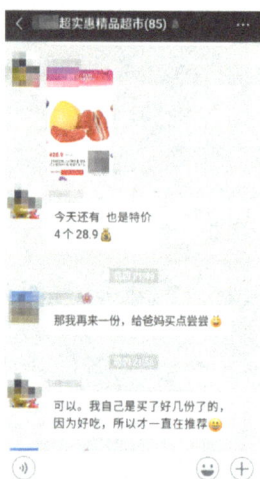

（3）多激励：可以经常在微信群或者朋友圈中举办一些有奖活动，如分享有礼，转发的朋友可以在转发内容中添加商品分享链接或者二维码，卖家则给他们私发红包或者小礼物，以此多激励买家分享自己的店铺和商品。

总之，只要你的产品质量有保障，售后做得好，能够带给消费者更好的购物体验，消费者就会对你和你的产品产生信任感，即使没有奖励，也会愿意为产品买单和分享。其实，很多时候消费者最在意的并不是你卖的东西有多好、价格有多优惠。如果你的态度、你的人品、你的服务都能让他们放心，此时，就算你的商品比别人的更贵，他们也会愿意去消费。因此，淘宝天猫的卖家千万不能错过社交电商渠道，一定要多跟自己的粉丝互动，为店铺的发展带来更多的机会。

1.4.3 利用站外 SEO 与 UEO 结合引流

现在淘宝天猫上的店铺非常多，但大多数店铺的搜索排名和流量都不太理想，这让卖家感到苦恼。怎么样才能把店铺做得让搜索引擎喜欢、让用户喜欢、有好的排名和流量呢？

其实，在站外渠道引流时，店铺还有一个优化新思路，那就是 SEO 与 UEO 的结合，这种方法可以达到更好的推广效果。UEO 优化可以极大地改善网站功能、操作、视觉等与用户体验息息相关的各种要素，从而稳固 SEO 引流的效果。

UEO 的加入可以让 SEO 的作用从抽象变得具体。SEO 优化可以让用户到达指定网页，然后通过 UEO 优化，让进入网页的用户获得更好的体验，从而提高流量转换率。主要优化方法如图 1-42 所示。

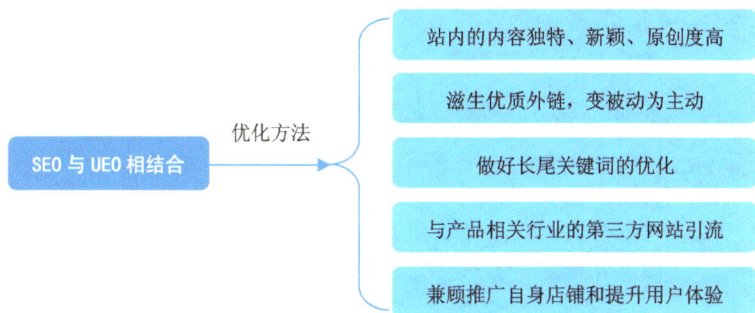

图1-42　站外SEO与UEO相结合的优化方法

1.4.4 利用社群营销引流

如今，社群营销是一种极为火爆的营销方法，它是由"小米""罗辑思维"等带起来的一种新型营销方式。它的核心就是企业与用户建立起"朋友"之情，不是为了广告而去打广告，而是为了"朋友"去建立感情。

当你的社群有了一定的粉丝数量和活跃度后，即可开始制订推广战略。注意，千万不要一开始就发广告、发商品信息，这样很容易引起大家的反感，进而屏蔽社群信息，甚至直接退群。卖家要跟群成员建立一定的感情基础后，再去做店铺推广。

实施社群营销的战略时，卖家至少要把店铺中的产品描述清楚，分享信息时需要有自己的观点，要会点赞和点评。卖家分享的东西必须是正面的、积极的、有利于塑造店铺品牌形象的。

例如，经营美食店铺的卖家可以在社群里分享一些美食制作方法或者健康食谱，中间再自然而然地介绍自己的产品或者原材料。如果群友都是一些"吃货"或者美食制作达人，他们就很容易接受并购买你介绍的产品，社群用户的黏合度也就得到了增强。

1.4.5 利用自媒体渠道引流

"互联网＋"时代，各种自媒体平台将内容创业带入高潮，再加上移动社交平台的发展，为自媒体运营带来了全新的粉丝经济模式。一个个拥有大量粉丝的人物 IP（Intellectual Property，知识财产）由此诞生，成为了新时代的商业趋势。常见的自媒体引流和变现渠道包括今日头条（头条号）、一点资讯（一点号）、搜狐公众平台、简书、腾讯内容开放平台（企鹅号）、百度自媒体平台（百家号）、阿里大文娱平台（大鱼号）以及网易新闻（网易号）等。

例如，一点资讯自媒体平台又称为一点号，是由一点资讯推出的一个内容发布平台。个人媒体、机构媒体、政府政务组织、企业以及其他组织都可以申请注册该平台。图 4-8 所示为一点资讯平台概述。

图1-43　一点资讯平台概述

申请到一点号账号后，即可通过一点资讯平台为用户提供更精准的资讯内容。一点资讯的 App 还首创了"兴趣引擎"模式，以用户兴趣为主导来推送各种资讯，同时结合了个性化推荐和搜索技术，成为移动互联网时代高效、精准的内容分发平台。一点资讯 App 掌握并分析不同用户的兴趣之后，根据用户的主动订阅行为来加强对其兴趣的解读，并在这些兴趣之间建立一种连接关系，主动为用户推荐他们感兴趣、想看的内容。

一点资讯的内容分类也比较清晰，丰富的内容再加上独特的"兴趣引擎"模式，一点资讯通过移动互联网技术极大地提升了用户体验。对于互联网创业者来说，这也为他们带来了更多粉丝群体，可以帮助优秀的自媒体人更快地找到与自己匹配的粉丝。

1.5　淘宝店铺引流的两个建议

如今，淘宝官方将更多的资源分配给天猫和企业店铺，很多中小型的淘宝卖家都感到生意越来越难做。中小卖家想要在这种艰难的大环境中生存下去，必须抓住流量。当然，在为店铺引流的过程中，笔者还有如下一些建议，可以为店铺带来更多有价值的流量。

1.5.1　找到真正适合的流量渠道并维护好

不管是免费的自然搜索流量，还是直通车、钻石展位等付费流量，淘宝上所有主流流量渠道的红利期全都过去了。不管怎么样，流量成本肯定会越来越高，甚至会"大幅度上涨"。

可以说，如今淘宝上任何一个位置都是抢手的。卖家的需求是无限的，而资源却非常稀缺，这是导致流量成本上升的主要原因。在这种情况下，卖家一定要找到真正合适的流量渠道并维护好。

所以，卖家没必要非得去提升自然搜索流量。可能有卖家会说："不要淘宝免费的自然搜索流量，那么我还用淘宝干什么？"其实，淘宝给卖家带来的不仅仅是流量。例如，很多人做微商的同时也会开淘宝店，这是为了在微信引流吸粉。但是在交易的时候，很多买家还是更愿意相信淘宝这个平台，因为买家觉得在这个平台上进行交易更安全。

因此，更多的时候，卖家可以把淘宝当成是一个交易的平台。当然，能够获取到免费的自然搜索流量更好，获取不到，也不要太难过，淘宝的本质还是生意。就好比你不能在繁华的商业街获取到一个位置，但是你在别的位置一样可以"活"得很好。卖家应该以一种做生意的思维去思考，而不是一味地想着去"占"淘宝的便宜。

如今流量渠道非常多，卖家不一定非得依靠淘宝这个平台，只要找到适合你的流量渠道,如微信公众号、微博、今日头条等,并把这个渠道维护好,也可以给店铺带来很好的生意。

1.5.2 通过内容带来的流量会更有价值

通过内容带来流量虽然不容易,但是会更有价值。未来的电商一定会越来越社交化,这一点从微商的发展上就可以看出来,从拼多多用户的快速增长上也可以看出来。

在未来,电商会更多地依赖于社交,依赖于内容所带来的流量增长。其中,内容有多种形式,例如可以是一个短视频、一段文字、一个小故事,或者是一张图片。当然,做"爆款"内容确实不简单,但是会更有价值。

第 2 章

付费流量:
淘宝、天猫三大引流工具

淘宝竞争越来越激烈,单靠免费流量已经很难做了。但是淘宝有很多付费的推广,其中最常用的有直通车、钻石展位和淘宝客等。卖家付费后,淘宝会把商品放在一个比较显眼的地方,这样,商品的点击率就会高一些。

2.1 钻石展位：超炫展现，超优产出比

"钻石展位"是图片类广告位自动竞价平台，简称钻展，较直接的说法就是网上的图片类广告。钻展的优点是图片由卖家自行制作，图片颜色可以更加鲜艳、博眼球，从而增加品牌记忆点，使买家加深印象；且钻展成本低，可获取流量大。

2.1.1 钻石展位的位置和关键词

钻展的位置有大量流量，包括首焦、首页一屏banner（网站页面的横幅广告）、首页二屏banner、首页底部通栏、促销频道焦点与通栏、聊天窗口banner等。目前钻展在淘宝PC端和无线端的应用是最广泛的。因为卖家的需求，钻展又拓展至了站外，不过商家投放最多的还是在站内。最受众买家喜欢的是淘宝首页的焦点图和无线端App的焦点图，它以图片大、制作方便、展现内容丰富为特色，可获取的流量十分巨大，能够满足各种品牌的展现需求。

无线钻展大大加强了淘宝无线端的推广力度，是淘宝手机店铺引流的好帮手。无线钻展的最大亮点就是首页的大海报，它处于很显眼的位置，整体页面色调清新，除了4个布局一致的色块外，再无其余图片干扰，能很好地与淘宝官方图片融为一体，如图2-1所示。

图2-1 无线App的焦点图

钻石展位的展示位置包括首页、类目搜索列表页、交易详情页、淘江湖、

各个频道页及外网等位置。钻石展位的相关关键词如图 2-2 所示。

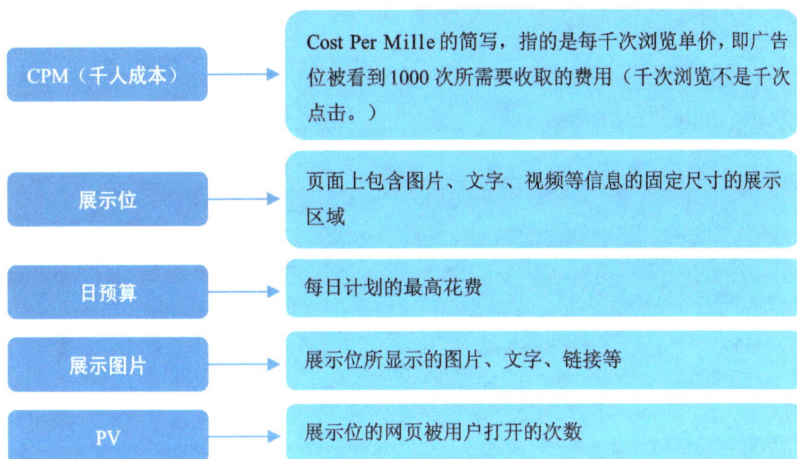

CPM（千人成本）	Cost Per Mille 的简写，指的是每千次浏览单价，即广告位被看到 1000 次所需要收取的费用（千次浏览不是千次点击。）
展示位	页面上包含图片、文字、视频等信息的固定尺寸的展示区域
日预算	每日计划的最高花费
展示图片	展示位所显示的图片、文字、链接等
PV	展示位的网页被用户打开的次数

图2-2　钻石展位的相关关键词

2.1.2　钻石展位的三大优势分析

钻石展位可以说精选了淘宝平台上各种优质的展示位置，其优势如图 2-3 所示。

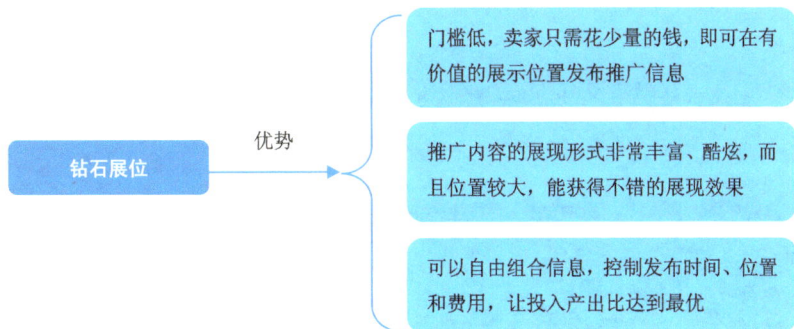

钻石展位	优势	门槛低，卖家只需花少量的钱，即可在有价值的展示位置发布推广信息
		推广内容的展现形式非常丰富、酷炫，而且位置较大，能获得不错的展现效果
		可以自由组合信息，控制发布时间、位置和费用，让投入产出比达到最优

图2-3　钻石展位的优势

2.1.3　钻石展位的收费和竞价

钻石展位通过竞价排序，按照 CPM（Cost Per Mille，千人成本）竞价收费，即按照每千次浏览收费，点击不收费。按照竞价高低进行排名，价高者优先展现。例如，卖家出价 10 元，则广告被人浏览 1000 次收取 10 元，不满 1000 次的系统自动折算收费。卖家可以根据目标群体（地域和人群）、访客、兴趣点 3 个维度设置定向展现，从而精准地圈定目标人群。

2.1.4 开通钻石展位的操作方法

下面介绍开通钻石展位的操作方法。

（1）打开并登录千牛 PC 端，在主页导航栏中选择"营销中心"→"钻石展位"选项，如图 2-4 所示。

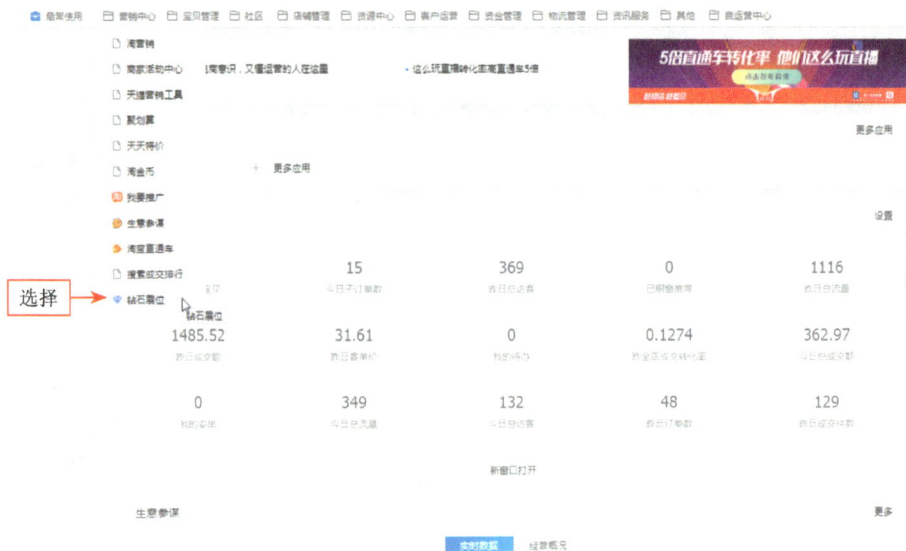

图2-4 选择"钻石展位"选项

（2）进入"智钻"界面，点击"进入钻展"按钮，如图 2-5 所示。

图2-5 点击"进入钻展"按钮

（3）进入钻石展位界面，点击"新建推广计划"按钮，如图 2-6 所示。

（4）接下来选择营销目标，主要有全店推广、单品推广和内容推广 3 种推广场景，卖家可以根据自己的需要进行选择，如图 2-7 所示。

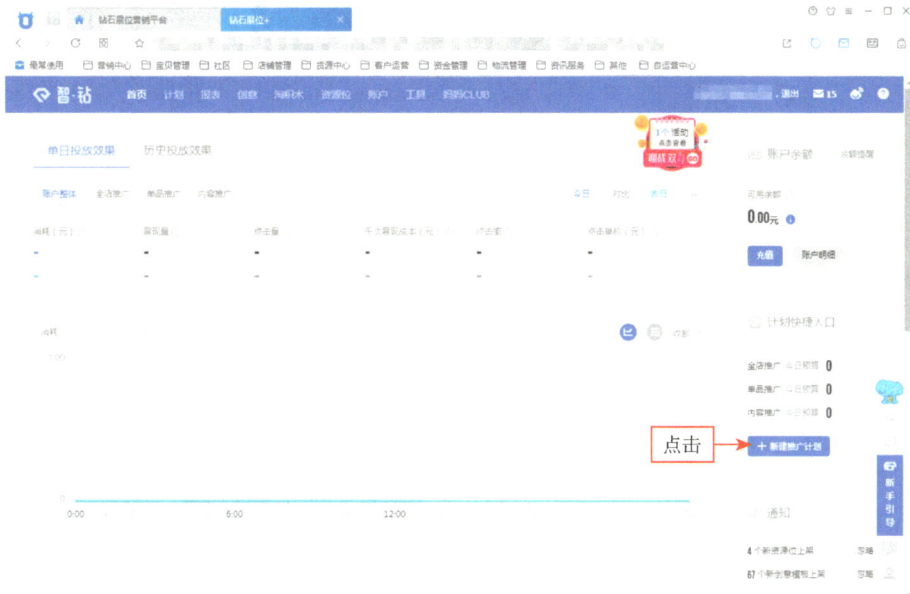

图2-6　点击"新建推广计划"按钮

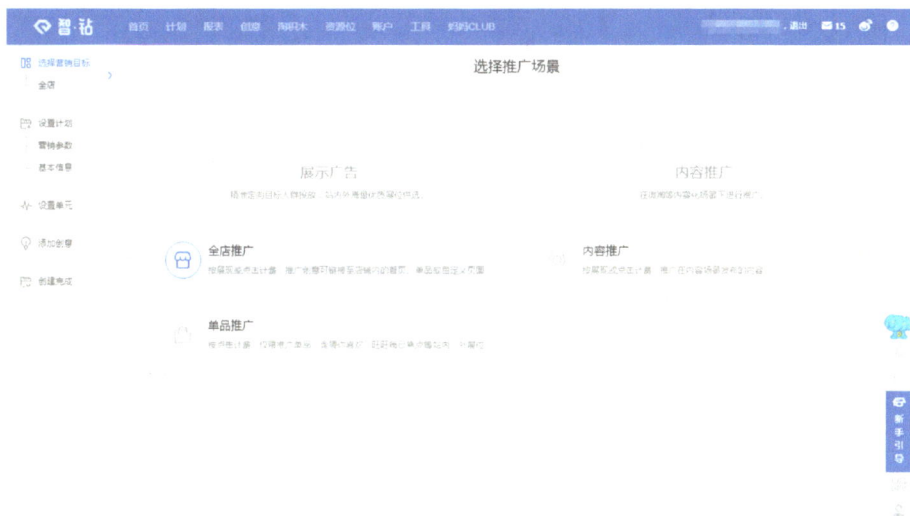

图2-7　选择营销目标

▶ 专家提醒

　　展示广告可以选择站内外海量优质展位，从而精准定位目标人群投放；内容推广则可以在微淘等内容化场景下进行推广。

（5）例如，选择"单品推广"，进入"设置计划"界面后，需要选择营销场景（日常销售、认知转化、拉新、老客召回和自定义，建议新手优先选择日常销售）和生成方案（包含系统托管和自定义，建议新手优先选择系统托管），然后设置基础信息（基本信息、投放地域、投放时间等），如图2-8所示。

图2-8 "设置计划"界面

（6）设置完毕后点击"下一步"按钮，继续设置单元基础出价，智能生成推荐方案，只需填写基础出价和添加创意，即可实现自动推广。

2.1.5 找到钻石展位的最佳投放时间

卖家可以进入"报表"界面（如图2-9所示），获取店铺钻展推广每日、每时的投放数据，分析哪个时间段的点击率比较高或点击单价比较低，从而找到最佳的钻展投放时间。

在设置钻展的投放时间比例时，卖家可以从图2-10所示的3点来考虑。

2.1.6 如何提升钻石展位的点击率

要想提升钻石展位的点击率，图片调性必须和店铺保持一致，而且要有创意、能够吸引人，并清楚地显示卖的是什么产品以及产品特色，如图2-11所示。另外，品牌标识与广告位置尽量不要有大变化，以便品牌形象的形成。

图2-9　"报表"界面

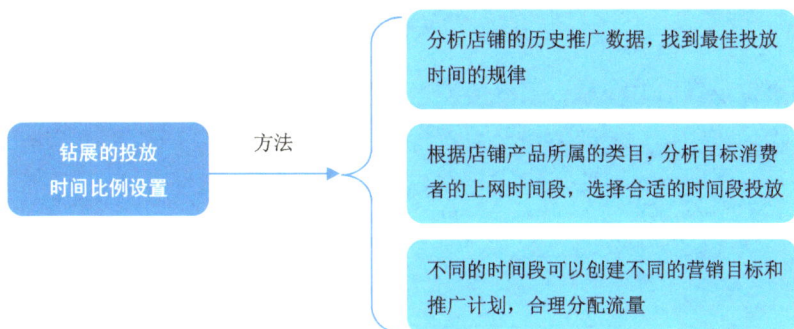

图2-10　钻展的投放时间比例设置方法

▶ 专家提醒

　　例如，服装类的钻石展位广告，可以放一些面料的图片，将其放大很多倍，使纹理清晰可见，并将几种颜色的面料放在一起，这种图片的点击率是比较高的。

图2-11　钻展图片

　　另外，钻展投放的资源位对点击率的影响也非常大。图 2-12 所示为钻展的资源位设置界面。钻展的资源位非常多，站内站外的资源位加起来有 200 个左右，但真正适合店铺的资源位置只有 PC 端首焦、无线端首焦、天猫精选和淘宝右侧广告栏等少数几个。其中，无线端首焦的流量和点击率都是最高的。

图2-12　钻展的资源位设置界面

2.2　直通车：少量投入获得巨大流量

如果仅仅靠自然流量，很多店铺是很难维持下去的。直通车是引流的利器，可以带来相对比较精准的流量。卖家可以通过拼质量得分、拼出价、拼"卡位"来获得好的展现位置和低 PPC（Pay Per Click，点击付费广告），再配合优秀的推广图，就能获得极大的流量。

2.2.1　直通车的优势

对于中小卖家来说，访客量少是最头疼的一件事。直通车则是一个使用最普遍、最适合中小卖家的引流工具，其优势如图 2-13 所示。

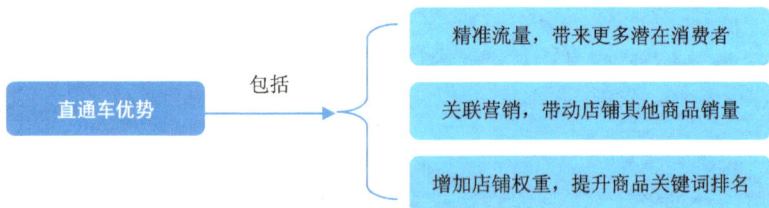

图2-13　直通车的优势

2.2.2　建立直通车宝贝推广计划

在淘宝直通车的后台，卖家可以根据自己的需求和目标来建立多个直通车推广计划，如图 2-14 所示。

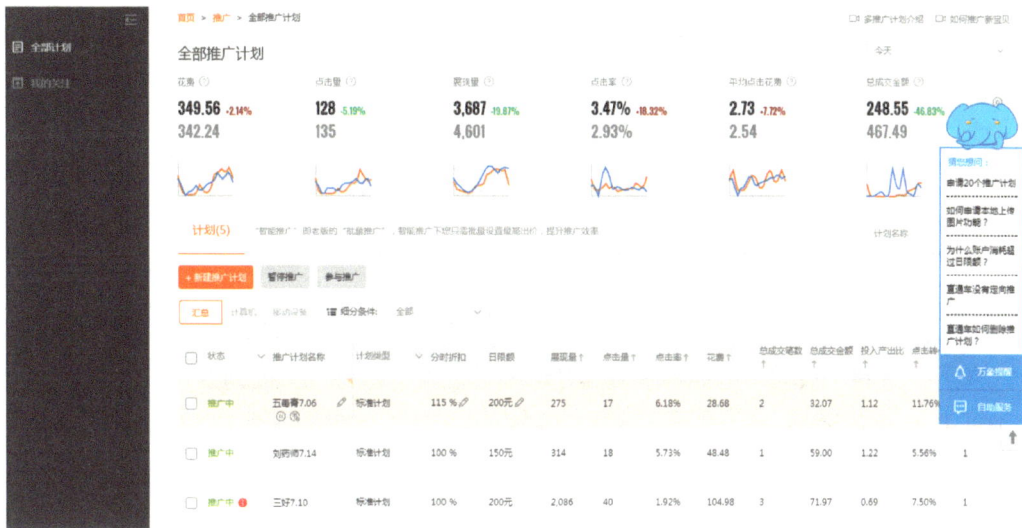

图2-14　多个直通车推广计划

以设置 4 个推广计划为例，首先给 4 个推广计划进行命名，如主宝贝推广计划、综合宝贝推广计划、"海投"宝贝计划、节日宝贝计划，方便自己对计划的区分，管理起来更方便。然后在每款宝贝里放置 10 ~ 20 个关键词，选词条件如下。

- 用户搜索量大的关键词。
- 代表用户购买意图的关键词。
- 和宝贝自身相关的关键词。

> ▶ 专家提醒
>
> 　　购买意图是指在评估阶段中消费者选择组合里的品牌，形成购买的优先顺序，根据这一顺序产生的购买某种产品的意愿。通常消费者会按他的购买意图做出决策，但这中间也会受到其他因素影响。

设置好关键词之后，开始针对需求调整关键词。例如，在刚刚开始推广时，每晚 11：00 后把这些关键词的出价调高至第 1 页里能看到该宝贝为止，第 2 天早上 8：00 后再根据自己日常推广的情况，调低关键词的出价至可以接受的范围。如此循环往复，卖家可以在较短的时间内提升店铺的流量、宝贝的质量得分以及宝贝的人气等，还可以增加宝贝的权重。

创建综合宝贝推广计划的重点在于设置适合推广宝贝的热词。需要注意的是，由于消费者使用的输入法的特点，部分热词的错别字也能获得不错的点击率，而且这类关键词的出价都会比较低。卖家需要注意的就是区别出价，如果自己对宝贝出价不擅长的话，可以试试"省油宝"的自动优化功能，它会根据

省油宝"省心服务"
让专业产出价值，我用心，您省心

上手指导　设置建议　辅助调整　直通车诊断

创意制作　推广策划　账户监控　了解更多

图2-15　"省油宝"工具的主要功能

展现、成交、收藏等数据进行智能出价，更合理地控制直通车的资金投入。图 2-15 所示为"省油宝"工具的主要功能。

"海投"宝贝计划要注意的关键点就是要设置大量比较精准的长尾词。很多人认为"海投"计划是没有必要设置的，这点因人而异，如果卖家选词水平一般的话，前期有两个计划就可以了。另外，长尾关键词跟宝贝属性的相关性比热词和主关键词的相关性要高，精准的长尾关键词有助于质量得分的提高，在展示位相同的情况下，可以降低宝贝的出价。所以，大量精准的长尾关键词带来的精准流量对于淘宝直通车来说很重要。

2.2.3　直通车的精准引流技巧

直通车的精准引流可以从基础设置和选词设置两个方面进行考虑。

1. 基础设置

中小卖家与大店相比，确实相对比较弱势，在选款的时候可以分析生意参谋数据、行业数据、产品价格等各个方面的因素后，找一款单品进行突破。

站内与站外的流量相比，一般站内的流量更为精准，因此在创建计划时主要对站内进行投放，如图 2-16 所示。另外，无线端的流量占比较大，在全店流量中占比 70% ~ 80%，移动端的折扣前期设置会调整一定的溢价比例。

投放平台　　投放地域　　投放时间

- 您可通过点击　　来设置是否投放，"△"表示暂不可投放
- 您只有投放淘宝站内的定向推广后，才能选择投放淘宝站外的定向推广了解详情＞＞
- 定向推广全面升级，全链路各资源位覆盖精准消费者，点此查看详细介绍

计算机设备

淘宝站内　　　　　　　　　　　　　　　　　　淘宝站外

搜索推广　　投放　　　　　　　　　　　　搜索推广　　不投放　　投放
定向推广　　不投放　　投放　　　　　　　定向推广　　不投放　　投放

移动设备

淘宝站内　　不投放　　投放　　　　　　　淘宝站外　　不投放　　投放

图2-16　设置投放平台

投放时间应结合生意参谋流量分析与直通车行业模板进行设置，流量高峰期的时间段投放比例可以合理提高，如图2-17所示。同时，在设置投放时间时，也要考虑到自己直通车每天日限额的预算，尽量让计划在设置的时间段正常投放，避免计划提前下线影响投放效果。

图2-17　设置投放时间

投放地域主要选择物流能配送的区域，偏远地区或者发货受到影响的地区可以不投放，以减少不必要的花费；已有很多同行的地区不建议投放，避免过多的同行竞争影响成本的控制。简而言之，让每一分钱都花在有用的地方。

2. 选词设置

关键词搜索一直是直通车推广最主要的流量来源，如何找到足够多的关键词也一直是很多卖家最关心的问题。接下来介绍一些比较常用的选词方法，如图 2-18 所示。

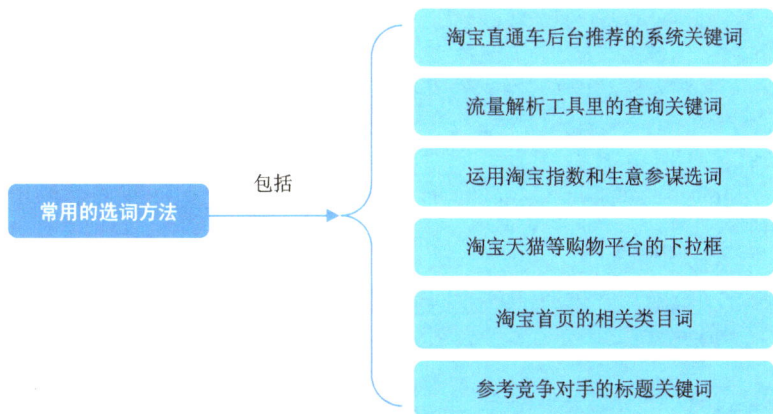

图2-18　常用的选词方法

选词的方式有很多种，重点在于精准，而不在于词量的多少。选择关键词的时候，卖家也需要对关键词进行数据分析，尽量选择带“手机标”的关键词，如图 2-19 所示。关键词与产品的相关性要高，在市场上有一定的展现指数、竞争度不高、点击率和点击转化率较好的关键词更为精准。

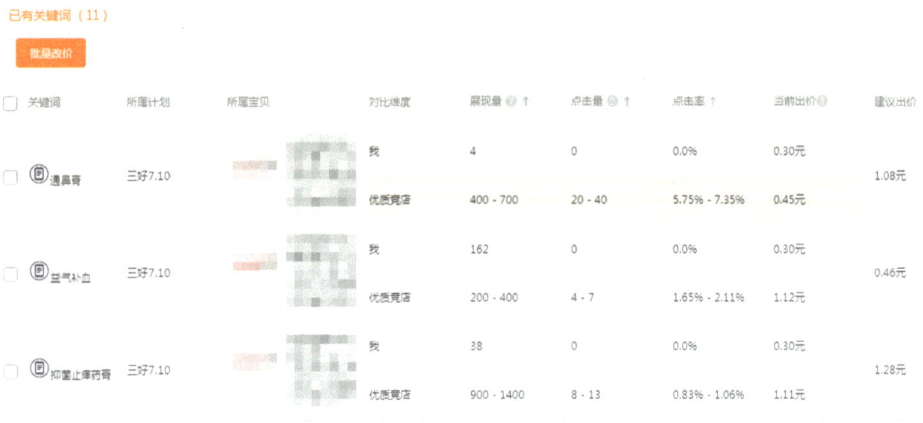

图2-19　关键词数据分析

> **▶ 专家提醒**
>
> 在进行精准的投放设置和精准的关键词添加后，关键词的质量得分一般不会太低。参考行业类目的出价，将关键词竞价排名位置卡在比较有优势的地方。合理卡位对中小卖家来说是必不可少的，卖家可以通过合理的出价，控制好每一分花费，让每一分花费和每一个点击都能体现它的价值。同时，合理的出价带来的流量是比较精准的，而且关键词的点击率也会迅速上升。
>
> 直通车要的就是精准引流，低价推广，从而带来转化。合理的出价就是为了达到直通车最初的推广目的。在短时间内提升关键词点击率后，关键词的质量得分会得到提高，可以很好地控制点击单价，降低直通车的成本，达到低价引流的效果。

2.2.4　直通车的创意调整方法

目前，直通车 PC 端和无线端的创意、点击以及转化都是不一样的，通常都是前期流量分配选择轮播进行引流，引流稳定之后再优先进行选择投放。通过一段时间的数据观察可以发现，有的创意 PC 端的转化比无线端的更好，也有的创意是无线端比 PC 端要好。除了调整直通车推广标题和推广图之外，投放设备也可以根据实际投放的具体数据来进行调整，如图 2-20 所示。

在新建直通车计划流程中，创意设置会默认直接使用宝贝主图，如图 2-21 所示，卖家可以在新建完成后在创意板块进行更换设置。不同的卖家对于创意图片的设置不同，但是“万变不离其宗”，都需要有依据来束缚。文案不能用

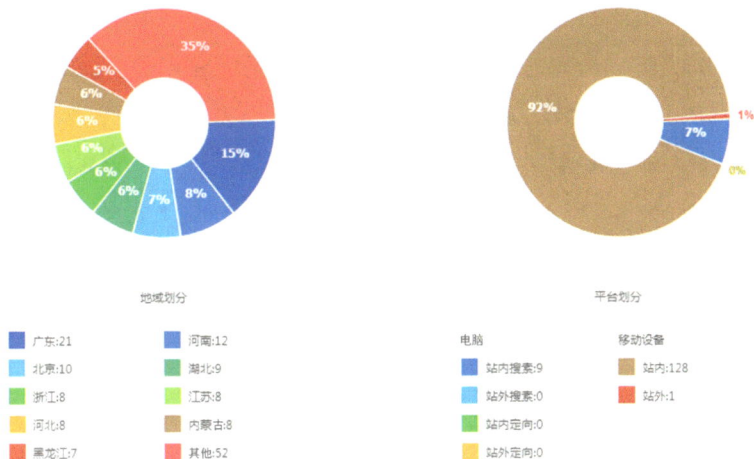

图2-20　直通车投放地域和设备数据

违禁词，同时，创意图片的设置也有很多需要注意的地方。卖家做直通车推广最直接的目的就是吸引消费者点击，下面几个直通车图片设计技巧，能够帮助卖家吸引消费者点击。

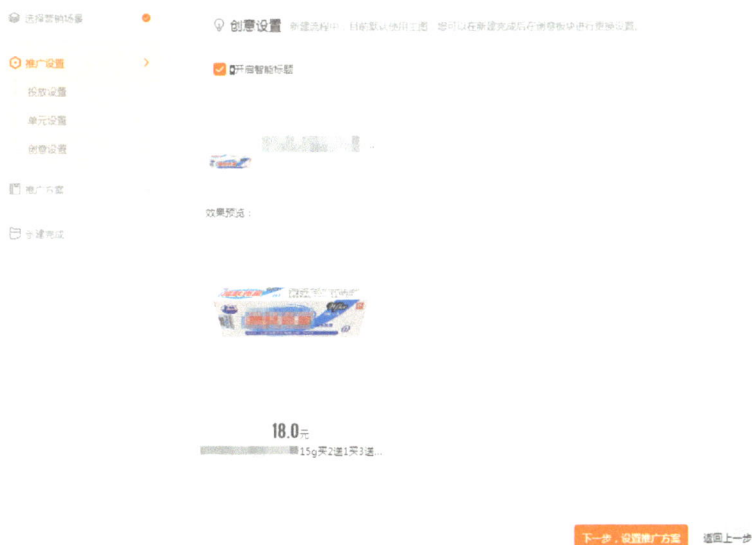

图2-21　直通车计划流程中的创意设置

（1）对创意主图做好定位。直通车推广是需要付费的，所以卖家应该做好一切准备后再进行推广，不要白白浪费了金钱却达不到效果。做主图前卖家需要对推广位置、产品卖点、买家消费习惯、年龄、喜好度等方面进行分析，这样才能更精准地展示给适合的消费者看，点击率才会更高。

（2）放大宝贝的卖点。直通车位置有限，并且点击会扣费，所以卖家需要抓住最精准的人群，让每一次点击费都花得值。可以在主图上做好文案，突出自己宝贝的卖点，让买家一眼就能看中自己需要的产品。主图切忌出现产品图片大小不等、一张图片多个商品、产品主体不突出、把宝贝细节放在图片里以及背景复杂等问题。

（3）突出商品与背景的色彩差异。采用对比色会使宝贝在背景的衬托下更加突出。在设计直通车图片的时候要懂得选择背景色，或者尽量在拍摄中使用与商品本身色彩差异较大的背景，但是也不要让背景的颜色太过于复杂，否则很容易对商品在图片中的主导地位产生影响。

（4）图片清晰度要高。清晰的图片才能够吸引买家点击，这点非常重要。而且清晰的图片能看清宝贝的质感和材质，能让买家在极短的时间内发现你的宝贝并且点击图片进入商品页。

（5）统一整体排版文字。淘宝直通车的图片设计、排版、文案字体都应该整洁一些，既要表达清楚宝贝卖点，又要让买家第一时间看清促销文案和宝贝图片。这需要有一些美术功底的平面设计师来完成，无论是排版还是颜色搭配，都最好由专业人士来操作。

（6）优化主图文字。主图上不要有"牛皮癣"，简洁明了的主图往往更受欢迎。卖家可以提炼出最吸引人的信息，用较少的文字来表达，这样会更加有效。

另外，通过直通车测试出来的创意图片也可以用来优化宝贝主图。我们要将直通车工具的作用最大化，而不单局限于宝贝的推广。当然，卖家还需要保持以下5点主要的思路不变。

- 确保其他维度不变，避免其他数据干扰创意结果。
- 客观地看待测试出来的结果，不要凭感觉去判断，要以数据说话。
- 要有足够大的数据量，避免偶然性导致测试结果出现误差。
- 有思路、发散性地去测试，"死板"是解决不了问题的。
- 不要忘记提高点击率才是最终目的。

卖家可以在选择的主推单一产品稳定之后，根据买家的需求以及产品属性，将主推产品搭配其他的单品做关联销售，便于提高其他产品的曝光度和客单价。店铺只主推一款产品不适合全店的长期发展，已上新的产品需要销量破零，积累更多的基础销量；将滞销产品打散，可以在优化主图、标题、详情页后再重新上架；不定时上新，为全店带来更多的访客量。

当然，每个店铺的基础不一样，卖家可以通过了解自身与同行之间的差距找出突破口，将产品和店铺进行优化提升。淘宝对于中小卖家来说，是一个很好的发展平台，前期不需要大笔的资金投入，只要用心去做，产品与店铺就会经营得更好。

▶ 专 家 提 醒

目前，直通车移动端和 PC 端的权重已经分离，互不干扰，而且更加看中转化率的权重占比，所以卖家对产品的选择和前期销量的维护是很重要的。手机展现的宝贝比 PC 少，所以无线端的点击率比 PC 高，宝贝越是靠前的位置点击率越高。如果想迅速提升产品的计划权重，可以选择一款给力的产品去冲击手机端的首屏位置。

2.2.5　直通车的人群定位技巧

现在直通车频繁地进行改版升级，对那些操作多年的老手来说，每次的冲击力都不小。但是，直通车的数据也更加细致和明朗，卖家可以精选人群进行推广，从而提高流量的精准性。如果卖家的产品属于个性化、针对性较高的产品，人群定位则是必不可少的一个关键点。

如果是在大促活动时，卖家就一定要注意领用红包和优惠券的客户群体，这部分人群的溢价高，可以获得优先展示权。平常关注度高的则是收藏和加入购物车的客户群体，这类群体是卖家的精准客户群体，一定要进行一个高溢价设置，建议把溢价提到 200% 以上。浏览和购买过的老客户以及竞争对手相似店铺的访客可稍微溢价，可以根据卖家的实际类目而定：有些类目，如女装、美妆等类目复购率高，溢价可高一些；有些类目，如家电等标品类目复购率低，可调低溢价。

直通车的访客人群主要有以下几类。

● 优质人群：主要是流量比较精准或者有意向的访客。

● 节日人群：喜欢不同促销活动的访客。

● 同类店铺人群：喜欢浏览同行产品的访客，访客意向比较高。

● 付费推广的活动人群：包含浏览店铺直播视频的访客和浏览过智钻的访客。

● 天气人群：不同天气带来的访客，为季节性产品添加天气人群流量更为精准。

● 人口属性人群：主要是性别、年龄段的差别，锁定访客进行溢价。

最能体现投放效果是否明显的就是数据。转化效果好的人群投放可以适当提高溢价，不仅流量精准，还能帮助提升转化率。

> ▶ 专家提醒
>
> 下面介绍一些降低成本、提升转化率的直通车运营技巧。
> ● 结合生意参谋数据主要投放流量高峰期、转化率高的时间段。
> ● 根据直通车报表显示，关闭对转化率低的地域的投放。
> ● 调整优化关键词，以转化率高的关键词为主，提高出价，删除低展现点击转化的关键词，新增关键词进行优化，积累更多转化率高的关键词。
> ● 优化人群投放，优化低展现点击转化的人群投放溢价比例，提升转化率高的人群溢价。
> ● 选择点击率高、转化率高的创意进行继续投放（若有需要，可以将点击转化高率的推广图作为产品主图）。

2.2.6 直通车标签玩法大揭秘

"标签法"是直通车平台上的一种效果很好的常用方法，可以帮助卖家找到符合自己产品的精准人群标签。"标签法"的主要优点如下。

● 快速拉高质量分和权重，7 ~ 15 天把 PPC 降到行业均价的 1/2 以内。

● 更加安全，不会被系统关进"小黑屋"。

● 人群标签流量精准，就算直通车没转化，也能拉动自然搜索流量。

直通车的核心是点击率，而"标签法"的核心则可以用一句话来表达：利用精准人群的低出价、高溢价，提高真实点击率。原理其实很简单，但是实操却不简单，卖家千万不要掉以轻心。

下面介绍"标签法"的具体操作步骤。

（1）创建计划：创建一个 7 天无数据的计划，设置日限额为 200 元，只投放移动端，关闭站外和定向推广，时间折扣全部设置为 100%，地域设置为全投放。

（2）提升基础权重：设置几个创意，通过提升这几个创意的点击率来提升基础权重。

（3）找到符合自己产品的精准人群：性别、年龄、月均消费额度、客单价这几个标签一定要找准，可以通过专业版生意参谋或者客户关系管理查看自己的人群。下面介绍两个找标签的方法。

● 方法一：专业版生意参谋——搜索人群功能，以"高领毛衣女"产品为例，其精准人群标签如图 2-22 所示。

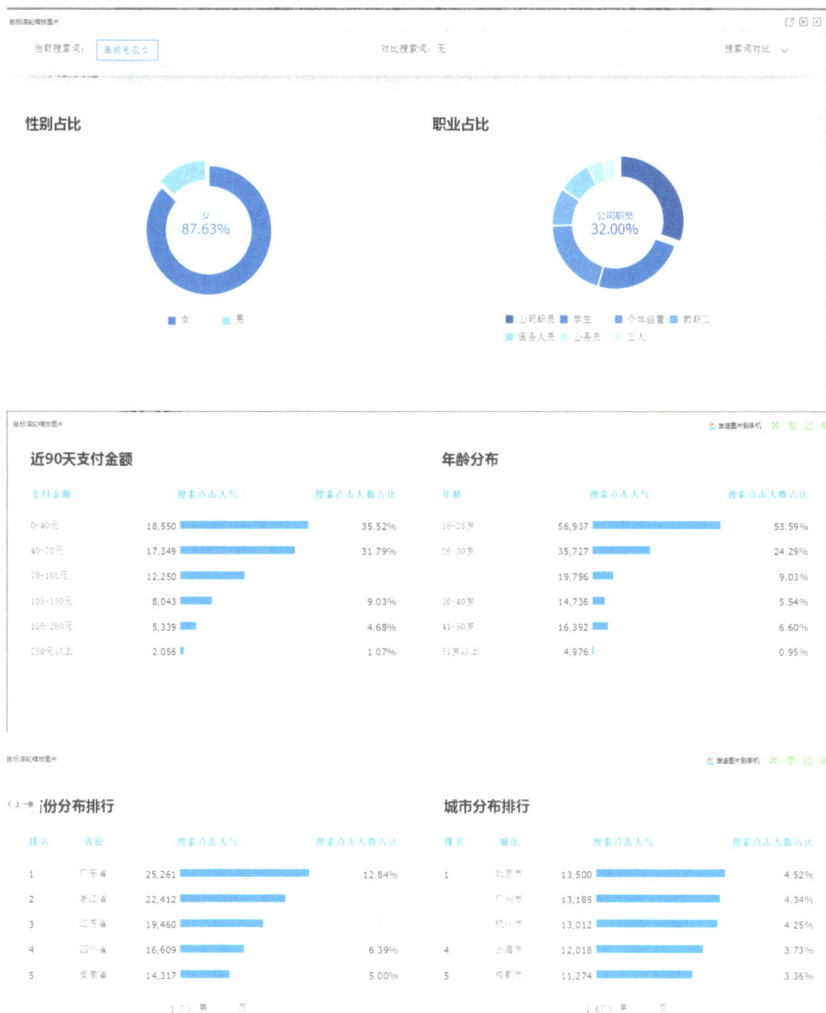

性别占比　　　　　　　　　　　职业占比

近90天支付金额　　　　　　　　年龄分布

份分布排行　　　　　　　　　　城市分布排行

图2-22　使用专业版生意参谋的搜索人群功能找标签

● 方法二：自己做测试。首先固定性别标签，然后组合其他标签，两个一组进行测试。将日限额设置为 100 元，测试 3 天，一般点击率最高的就是产品的精准人群。

▶ 专家提醒

使用直通车后，在选词时选择的都是高度相关的精准关键词，将其放到计划当中，其主要作用如下。
（1）高度相关的关键词有利于转化率的提升。
（2）精准的目标人群可以进一步强化店铺标签和产品标签。在个性化搜索时代，标签得到了强化，自然就会得到更多的免费自然搜索流量。对于中小卖家来说，更应该注重的是直通车对于店铺标签的强化作用，从而去增加自然搜索权重。

2.3 淘宝客：发挥资源优势，获取佣金

淘宝客的推广是一种按成交量计费的推广模式，淘客只要从淘宝客界面的推广专区获取商品代码，任何买家（包括自己）经过淘宝客的推广（链接、个人网站、博客或者社区发的帖子）进入淘宝卖家店铺完成购买后，都可得到由卖家支付的佣金。

简单来说，淘客就是指帮助卖家推广商品并获取佣金的人，这个购买必须是有效购物，即需要确认收货。目前，淘宝针对淘宝客推出了联盟商家中心的营销计划，这是一个商家在淘宝联盟后台进行单品推广的新计划，它支持单品推广管理、优惠券设置管理、佣金管理以及推广时限管理等功能，并支持查看实时数据及各项数据报表，如图2-23所示。

图2-23 营销计划的产品介绍

淘宝联盟是一个广告交易平台，重新启用了"阿里妈妈"这个品牌名，从以服务淘宝系商家为主转为面向全网所有广告主开放。淘客可以通过联盟获取卖家发布的商品信息，帮助卖家推广，如图2-24所示。

图2-24 淘宝联盟主页

2.3.1　淘宝客的优势

淘客和实体店中的导购员作用比较类似，主要工作就是帮卖家推销商品，然后赚取卖家的返利（佣金）。对于卖家来说，使用淘宝客推广不仅能够快速打造爆款，而且还有很多其他优势，如图 2-25 所示。

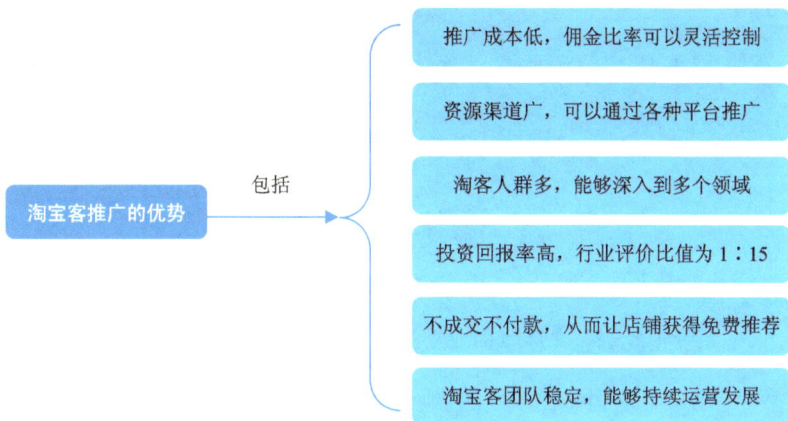

图2-25　淘宝客推广的优势

2.3.2　注册淘宝客和主推商品

下面介绍一下注册淘宝客的操作方法。

（1）进入阿里妈妈主页，在顶部导航栏中选择"产品"→"淘宝客"选项，如图 2-26 所示。

图2-26　选择"淘宝客"选项

（2）进入联盟商家中心页面，在登录区中输入相应账号和密码，单击"登录"按钮进行登录，如图 2-27 所示。当然，用户也可以直接用手机淘宝进行扫码登录，这样更加安全便捷。

图2-27　账号登录

（3）如果账号没有达到开通淘宝客的条件，则会出现相关提示，如图 2-28 所示。

图2-28　无法参加淘宝客推广的提示

▶ 专 家 提 醒

使用淘宝客推广软件产品服务的通用准入条件（各类型用户均须符合）如下。
1. 卖家店铺动态评分各项分值均不低于 4.5。
2. 店铺状态正常且出售中的商品数大于等于 10 件（同一商品库存有多件的，仅计为 1 件商品）。
3. 签署支付宝代扣款协议。
4. 未在使用阿里妈妈或其关联公司的其他营销产品（包括但不限于钻石展位、淘宝直通车、天猫直通车等）服务时因违规被中止或终止服务。

（4）如果账号符合条件，则会进入"淘宝客"主页，在此卖家可以创建、查看和管理推广计划，如图 2-29 所示。

卖家使用淘宝客推广后，最多可以选择店铺中的 20 件商品添加到淘宝客推广专区中。淘客选择相应商品后，即可在他们的推广页面上进行展示，这些商品即被称为主推商品。

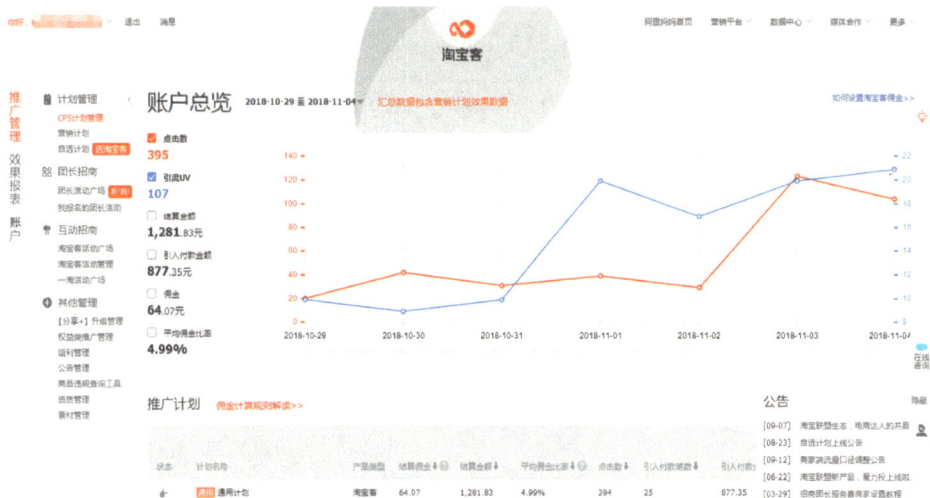

图2-29　"淘宝客"主页

2.3.3　淘宝客的佣金计算规则

佣金比率是指卖家为推广商品，给淘客付出的酬劳与商品单价的比例，即"佣金＝商品单价 × 佣金比率"，其计算规则如图 2-30 所示。当淘客向买家成功推广商品并成交后，除去给平台的服务费，得到的就是自己的最终收入。

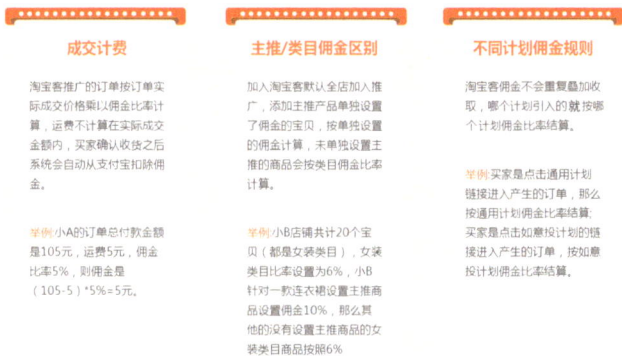

图2-30　佣金计算规则

淘宝客推广还会计算买家一定时间段内的消费次数，支付给淘客佣金，其跟踪逻辑如图 2-31 所示。

很多买家在支付时选择了其他的支付形式，如优惠券、淘金币等，此时佣金的计算规则也会有所不同，如图 2-32 所示。

当淘宝客订单出现退款时，根据买家是否收货，佣金的计算规则也所有不

47

同，如图 2-33 所示。

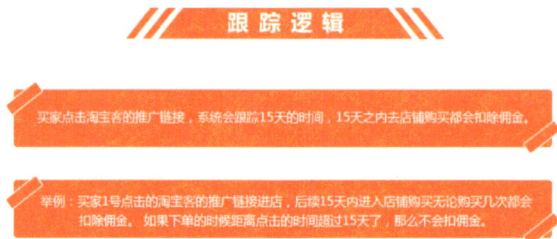

跟踪逻辑

买家点击淘宝客的推广链接，系统会跟踪15天的时间，15天之内去店铺购买都会扣除佣金。

举例：买家1号点击的淘宝客的推广链接进店，后续15天内进入店铺购买无论购买几次都会扣除佣金。如果下单的时候距离点击的时间超过15天了，那么不会扣佣金。

图2-31　淘客佣金的跟踪逻辑

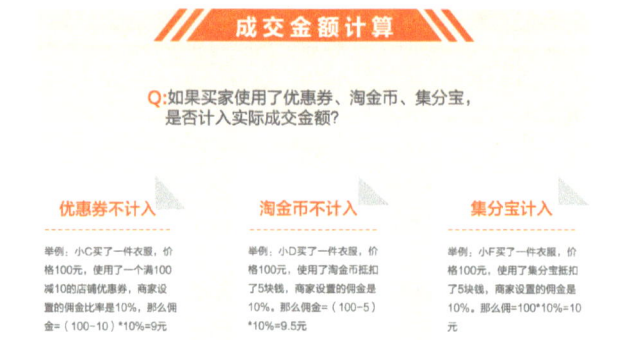

成交金额计算

Q:如果买家使用了优惠券、淘金币、集分宝，是否计入实际成交金额?

优惠券不计入

举例：小C买了一件衣服，价格100元，使用了一个满100减10的店铺优惠券，商家设置的佣金比率是10%，那么佣金=（100-10）*10%=9元

淘金币不计入

举例：小D买了一件衣服，价格100元，使用了淘金币抵扣了5块钱，商家设置的佣金是10%。那么佣金=（100-5）*10%=9.5元

集分宝计入

举例：小F买了一件衣服，价格100元，使用了集分宝抵扣了5块钱，商家设置的佣金是10%。那么佣金=100*10%=10元

图2-32　成交金额计算方法

确认收货前

买家还没有确认收货就退款了，那么按订单最终实际成交金额结算，佣金计算同步对应淘宝订单最终成交价格乘以对应佣金比率。如果最终订单是交易关闭的状态，那么实际成交额是0元，不需要支付佣金。如果买家申请部分退款不退货，那么按没有退款的成交金额计算佣金。

举例：订单1234567890000000，总额100元，运费0元，买家于5月30号拍的，没有确认收货。
场景1：买家收到货之后，申请退货退款，退款完成，那么是交易关闭，不结算佣金。
场景2：买家收到货之后，申请仅退款，退了10元，那么按90元结算佣金。

确认收货后

买家确认收货之后申请售后退款规则：当月确认收货的订单如果买家在订单确认收货的下个月15号之前申请线上售后，系统都可以同步淘宝的订单维权状态，如果订单在下个月15号维权成功，当天返还佣金。

举例：订单：1234567890000000，买家于5月30号拍下，6月10号确认收货。
场景1：买家在7月12号维权成功了，那么佣金7月12号当天返还了。
场景2：买家在7月8号发起了维权，但是7.15之前无法完成退款，请在7月10日之前致电客服，提供订单编号进行处理。

图2-33　退款订单佣金规则

2.3.4　淘宝客的四大推广方式

常见的淘宝客推广方式包括通用计划、营销计划、活动计划和自选计划4种类型，下面分别进行介绍。

1. 通用计划

通用计划主要用于店铺推广场景，渠道广泛且成本可控，卖家可以设置一

个合理的佣金比率，让淘宝联盟的推广者自行推广，成交完成才计算佣金，如图 2-34 所示。通用计划适用人群不区分专业和业余，即所有淘客都可以参加，佣金比例普遍在 0.5% ～ 50%。

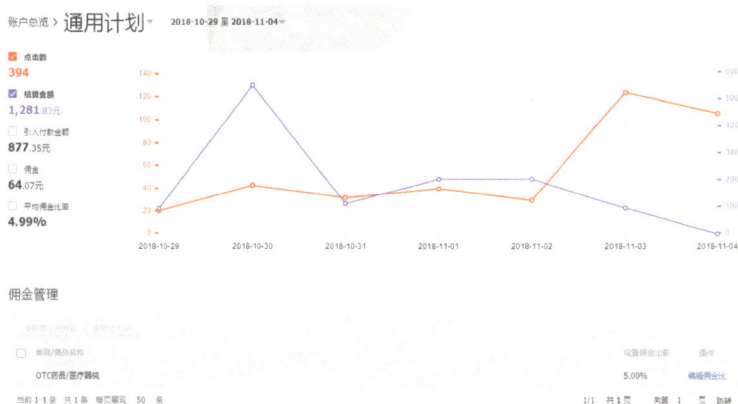

图2-34　通用计划

2. 营销计划

营销计划是淘宝客推广的主要阵地，如图 2-35 所示。在营销计划中，卖家可以设置单品推广时间和佣金比率，并可以选择使用阿里妈妈推广券。

图2-35　营销计划

目前，营销计划正在升级为商品管理推广计划，后期将会逐步废除所有推广计划的单品推广部分，降低卖家的操作成本，让卖家参与的推广更可控、更安全，让流量更确定。

3. 活动计划

活动计划主要是卖家报名团长活动，与有招商渠道的团长进行合作，如图 2-36

所示。只要卖家达到团长活动的相关要求，即可报名参加，由团长推广报名商品。

图2-36　团长招商活动

4. 自选计划

自选计划是淘宝联盟为不同卖家管理淘客量身定制的新计划，卖家可自主选择同淘客的合作关系，如为某淘客开设人工审核的定向计划等。自选计划可以吸引更多优质淘客推广你的商品，并追踪他们的成交效果，其优势如图 2-37 所示。

图2-37　自选计划的优势

自选计划上线后，原来的公开自动审核定向计划将不再更新，卖家只能查看历史数据，而活动时间、类目佣金比和主推商品佣金比等都不能进行设置，而且也不可以清退和审核淘客。

2.3.5　淘客的其他管理技巧

下面介绍"分享 +"管理、权益类推广管理和返利推广管理等淘客管理技巧。

1. "分享 +" 管理

卖家在使用"分享 +"工具进行推广时，可以通过众多分享者来实现分享引流，卖家将免费获得流量，而且只有分享并成交后才需要支付相应的佣金。其管理页面如图 2-38 所示。

开通"分享 +"功能后，系统会对商品详情页进行升级，显示"分享有礼"的标签，刺激消费者进行分享引流，卖家将免费获得优质的社交流量，如图 2-39 所示。关闭"分享 +"功能后，卖家将无法获得这部分流量。

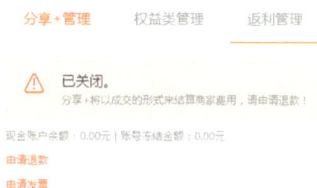

图2-38　"分享+"工具管理页面

图2-39　通过"分享+"引流

2. 权益类推广管理

权益类推广包括超级权益推广和红包推广两种形式，日常仅展现超级权益推广。而红包推广仅"双 11""双 12"等大促期间单独展现，以此强调其重要性并提升媒体参与度，帮助卖家集中获取更多流量，如图 2-40 所示。

阿里妈妈指定的超级权益类型目前包括天猫购物券和淘宝购物券。注意，超级权益的优先级排序原则是根据超级权益的使用范围进行排序，使用范围越小，则优先级越高。优先级排序如表 2-1 所示。

表2-1　超级权益的优先级排序（P0最高，数字越大优先级越低）

优先级	超级权益使用范围	举例
P0	限单品使用	商家自发的，如：××衣舍新品券
P1	限店铺（单店、多店）使用	商家自发的，如：××旗舰店通用券
P2	SKU通用	品牌商自发的，如：××新品券
P3	限业务活动使用	市场招商活动，如：聚划算99活动
P4	限单类目活动使用	市场招商活动，如：女装春上新活动
P5	限跨类目活动使用	市场招商活动，如：开学季活动
P6	类目通用	类目市场日常推广活动，如：母婴通用优惠券
P7	频道通用	频道市场日常推广活动，如：爱淘宝、聚划算、女装频道券
P8	单平台（淘宝网、天猫等）通用	平台大型活动，如：超级日
P9	全网（淘宝平台）通用	全网大型活动，如："618""双11""双12""年货节"

图2-40　权益类管理界面

3. 返利推广管理

返利推广的默认状态为"已开启"，如图2-41所示。当卖家选择"返利"的推广形式时，将不用支付推广者商品单价的部分佣金，这些佣金将以销售折扣的形式直接让利给买家，一并由推广者代付。

2.3.6　淘客如何找推广商品

淘客可以通过阿里妈妈淘宝联盟来查找想要推广的商品，同时还可以参与各种推广活动，获得更多收益，具体方法如下。

（1）进入淘宝联盟主页，在导航栏中单击选择"超级好货"选项，如图2-42所示。

（2）推广者可以直接在搜索栏中输入要搜索的商品名称或链接，也可选择相应主题并设置搜索条件来查找想要推广的高佣金商品，如图 2-43 所示。

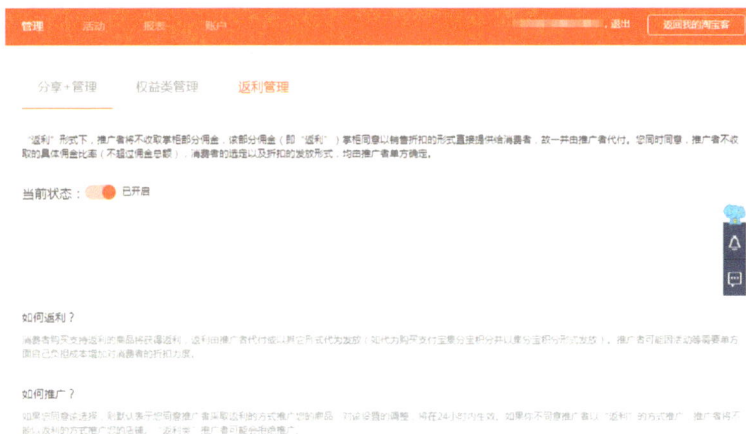

图2-41　返利管理页面

图2-42　选择"超级好货"选项

图2-43　超级好货功能

（3）在搜索结果中，推广者可以查看商品主图、名称、价格、销量、佣金比率和具体数额、店铺名称以及使用的淘宝客推广方式，如图 2-44 所示。单击"立即推广"按钮即可马上推广该商品，单击"选取"按钮可以将其添加到"选品库"。

图2-44　查看推广商品

推广者可以根据商品的各项数据进行筛选，然后选择适合自己的方式（主要有短链接、长链接、二维码、淘口令 4 种）复制链接，并将其发布到自己想要推广的平台及人群中，即可开启自己的淘宝客赚钱模式。

排名提升篇

第 3 章

SEO 优化：
精准流量快速提升排名

淘宝 SEO 是每个淘宝店主必须掌握的技术，其作用是让更多的人知道或者看到自己店铺的宝贝。本章主要介绍淘宝天猫平台上的 SEO 优化技巧和推广工具，帮助商家使用淘宝天猫 SEO 快速打造爆款、提升口碑、引爆流量并做成品牌，让 SEO 的效果落到实处。

3.1 淘宝天猫 SEO：让店铺更有竞争力

本节的 SEO 主要针对站内，通过对淘宝或天猫店铺中的商品进行一些优化设置，来提高商品的排名，同时提高店铺的转化率和知名度。

3.1.1 认识淘宝天猫 SEO

SEO 是由英文 Search Engine Optimization 缩写而来，中文意为"搜索引擎优化"。SEO 是指通过对网站内部调整优化及站外优化，使网站满足搜索引擎收录排名需求，在搜索引擎中将关键词排名提高，从而把精准用户带到网站，获得免费流量，形成直接销售或品牌推广。

淘宝 SEO 其实就是淘宝搜索引擎优化，就是利用淘宝搜索排名的规则，将卖家的产品展示给搜索人群。简单来说就是当卖家的目标客户搜索产品时，利用一些方法将卖家的产品展示在搜索结果的前面。淘宝 SEO 的基本概念如图 3-1 所示。

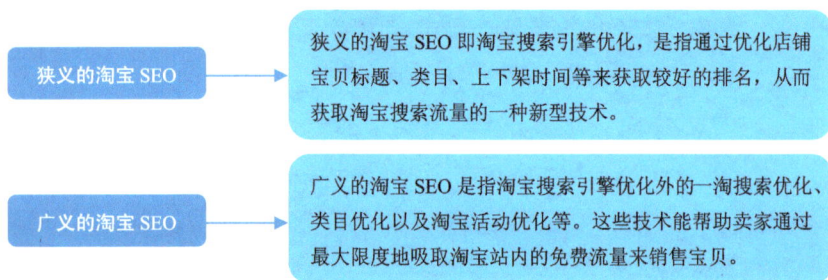

狭义的淘宝 SEO	狭义的淘宝 SEO 即淘宝搜索引擎优化，是指通过优化店铺宝贝标题、类目、上下架时间等来获取较好的排名，从而获取淘宝搜索流量的一种新型技术。
广义的淘宝 SEO	广义的淘宝 SEO 是指淘宝搜索引擎优化外的一淘搜索优化、类目优化以及淘宝活动优化等。这些技术能帮助卖家通过最大限度地吸取淘宝站内的免费流量来销售宝贝。

图3-1　认识淘宝SEO

3.1.2 淘宝天猫 SEO 排名要素

当买家搜索一个关键词的时候，淘宝搜索机制要对宝贝进行筛选，最终将选择 SEO 做得好的宝贝展示在前面。这个筛选过程一共有 7 个步骤，具体过程如下。

（1）相关性筛选，将不相关的产品直接屏蔽掉。如买家搜"单肩包"，卖家的产品如果是牛仔裤，就会被直接屏蔽。

（2）违规过滤，有过违规行为的宝贝会被直接屏蔽。

（3）优质店铺筛选，淘宝会优先选择权重高的店铺。

（4）优质宝贝筛选，淘宝会优先展示权重高的宝贝。

（5）上下架筛选，当淘宝将很多优质宝贝筛选出来之后，为了公平起见，系统会按照下架时间进行排序。

（6）橱窗推荐，淘宝会将橱窗推荐的宝贝优先展示。

（7）个性化筛选，淘宝会根据买家的属性、浏览习惯、购买习惯等进行宝贝的排序。

如果卖家把商品放错了类目属性，标题不够精准、店铺相关性不高的话，卖家的宝贝会在第 1 层就被搜索引擎筛选掉，这是淘宝 SEO 精准性的体现，也是卖家需要注意的地方。此外，像"全网最低"和"清仓"这类广告违规词放在标题里，宝贝也会被搜索引擎筛选掉。

而经过了第 1 层第 2 层的筛选后，搜索引擎就会依次根据大数据进行分析，为消费者挑选出网站内优质的店铺和宝贝。在这个过程中会涉及多个指标，根据这些指标，搜索引擎会计算出宝贝的综合分数。在这些指标中，最重要的两个就是稳定排在行业销售前列和短期内销售增长很快。

经过前面 4 层的筛选，淘宝搜索引擎会根据宝贝的上下架时间和橱窗推荐来安排宝贝在前端展示的时间。为了公平起见，淘宝搜索引擎会根据卖家宝贝的综合分数来决定宝贝在排名前端停留的时间。其实也就是说，卖家宝贝的综合分数越高，在综合排名中排在前端的时间就越长。

到最后 1 层时，搜索引擎会计算出每个宝贝的排列顺序，然后这些宝贝就按照各自的综合分数从高到低排列好，等待买家点击。

3.1.3　淘宝天猫 SEO 优化策略

淘宝 SEO 优化策略有以下几点。

1. 设置手机宝贝描述加分

之所以把手机宝贝描述放在第 1 位，是因为集市店铺的手机宝贝描述是需要专门制作的，这是一个相对来说比较重要的权重。在同等情况下，设置了手机宝贝描述的一般比没有设置手机宝贝描述的搜索排名要靠前很多。所以，这是一个只要设置就能加分的操作。

2. 标题关键词需搭配搜索热词

在设置宝贝的标题时，必须有一些搜索热词。搜索热词就是和搜索有关联性的标题关键词。卖家需要展示什么词、怎么把产品的主要特点说出来、客户常搜索的关键词组合是什么，这些都需要花时间去做数据分析。

修改标题需要注意：修改标题不要太过于频繁，一般 7 天修改一次，7 天内最多不要超过两次。因为每修改一次标题，淘宝官方就要对店铺的宝贝进行重新收录，这相当于增大淘宝服务器的负担。如果修改得过于频繁，淘宝可能会误认为店铺的宝贝有问题。

3. 手机渠道提升成交转化率

手机淘宝上最能提升搜索权重的转化率的就是搜索转化率。通过搜索的关键词进入店铺达成交易的比率越高的产品，权重就会越大，排名一般就会靠前一些。

4. 手机成交量影响搜索权重

不管卖家是从什么渠道、用什么方式引来的流量，只要卖家宝贝的移动端成交量高，综合排名就会高。并且在同等维度下，该宝贝在一些特定关键词的搜索中也有权重。

5. 手机淘宝店铺的流量越多越好

手机淘宝店铺获取的流量越多，店铺的排名在同一维度下会比其他店铺的排名更靠前。所以，卖家可以多在移动端渠道推广一下自己的店铺。

6. 手机广告投放比重越大越好

一个店铺的手机直通车和手机钻展等投放量越多，手机淘宝搜索的排名会越靠前，所以手机广告的投放量也算一个影响权重的因素。同样，一家店铺在手机直通车和手机钻展上推广的转化率越高，店铺的排名就会越靠前。

7. 店铺 DSR 评分"飘红"才好

目前，在淘宝产品搜索排序中，权重已经开始向店铺 DSR（Detail Seller Rating，卖家服务评级系统）评分倾斜，店铺 DSR 评分已经成为了重要的权重因素之一，这也引导卖家们将营销重心从量向质转移，如图 3-2 所示。

店铺 DSR 评分有助于提高宝贝的搜索排名，卖家只需做好 3 点：宝贝描述、客服态度、物流服务。对于每个卖家而言，店铺动态评分（DSR 评分）需要一直保持"飘红"的状态，任何一项变"绿"了都不是好事。

8. 产品折扣性价比是王道

淘宝官方发布过，产品折扣是一个比较重要的权重。在同类型产品中，价格没有虚高，折扣越大，产品的搜索排名就越靠前。所以，提高性价比是个比较有效的方法。

图3-2　店铺的DSR评分

9. 有两个价格区间容易转化

笔者在几个类目测试中发现，价格并不是越低越好，20 ~ 29 元和 40 ~ 59 元这两个价格区间在很多类目中都比较容易被接受，转化率也最高。

10. 产品的条形码增加权重

产品的条形码在 PC 端和手机端都增加了权重。淘宝将给予条形码准确且有码率超过 50% 的卖家专门的手机端活动等资源奖励，有码且准确的商品也将获得搜索流量加权。

11. 千牛手机端在线时间也占权重

淘宝每次推出聊天系统，都会增加其在线时间的权重，千牛手机客户端也是一样。所以，卖家要充分利用这些插件。

12. 保证店铺每个宝贝都有活跃度

每个店铺都有很多商品，每个商品代表一个活跃值，而没有成交、搜索以及转化的产品会拉低整个店铺的权重。所以，商家要经常地让所有产品有一定活跃度，同时删除没有任何流量和销量的产品。

13. 避开宝贝的高峰卡位时间

手机淘宝内宝贝的卡位时间一般不是很长，在中午 12：00 左右、16：00 左右和 20：00 左右，位置最容易变动。所以，产品上下架时间的设置最好避开这些高峰，不然宝贝排名下降一位，就会降低 10% 甚至更多的转化率。

14. 根据客户记忆推送宝贝

手机搜索会对买家浏览过的产品和店铺进行筛选再推送。一些消费者关注过的相似店铺和产品，手机成交过的、支付宝支付过的产品，只要他们通过手机登录了旺旺或者千牛等工具，手机淘宝就会获取信息，并且将店铺推荐给消费者。淘宝的这些插件把客户的搜索体验完善到了极致，卖家可以利用这些机会让消费者看到自己的商品。

3.1.4 淘宝天猫 SEO 的常见误区

在淘宝 SEO 搜索优化排名上，卖家有一些普遍在认识上的误区，总结起来有以下几点。

1. 淘宝搜索排名结果会倾向于大卖家

大卖家之所以能得到更多的流量，就是因为他们产品更全面，更熟悉淘宝的搜索规则，做了更多的优化、更多的推广，客服做得更到位，老客户也更多。而中小卖家的商品数量和经验相对少一些，得到的流量自然会少一些。

在淘宝排名规则中，大卖家店铺信誉的权重现在越来越低，而卖家店铺的动态评分的权重则越来越高。但买家不会因为对方是大卖家就给更高的评分，淘宝也不会在搜索排名结果上优先展示那些大卖家的商品，就算是刚开张的店铺，也有可能排在搜索结果的前面。

2. 新上架的宝贝在人气排序中永远没机会

这是一个很典型的误区，大家会普遍认为，刚上架的宝贝由于没有任何参数可以计算，所以会在人气排名中靠后。

事实上，淘宝对于新上架的宝贝会给一个默认的人气分，这个默认的人气分能保证新上架的宝贝也能获得一个比较好的排名。随着时间的推移，如果各个影响排名的参数没有任何提高，那么这个人气分就会下降。

如何让买家方便地找到那些刚上市的新品，也是目前淘宝正在竭力解决的一个问题，相信未来会有更好的措施出台。

3. 淘宝人气排名会优先考虑淘宝直通车宝贝

有的卖家觉得做了淘宝直通车之后，在人气排名中商品会被淘宝优先排序，这也是错误的想法。

人气排序与是否做淘宝直通车推广没有直接的关系，但如果卖家用直通车做了推广，销量、收藏和转化率等各个影响人气排名的因素都提升上去了，那么店铺和宝贝的人气排名自然也会有所提升。只是这个提升结果和卖家做其他推广的结果是一样的。

4. 多做活动可以快速提高人气排名

在淘宝的新规中，"搜索结果页面"和"类目宝贝列表页面"中的"最近成交笔数"，将去掉"聚划算"、"淘金币"、"天天特卖"、"试用中心"及淘宝官方活动期间的销量，且不计入搜索排序。同时，折扣活动所产生的销量在搜索排序中的影响会比较低。销量排序会减去这些做了活动后的销量，包括做"聚划算"等活动所积累的销量，所以，现在做这类活动就不能再达到提升搜索排名的目的了。

5. 提高店铺和宝贝的收藏量可以提高搜索排名

很多人还在用以前的思维做搜索排名，例如刷淘宝宝贝的收藏量等，但这样的操作现在已经没效果了。在最新的淘宝 SEO 宝贝排名中，淘宝对刷流量和收藏量等作弊行为会有严厉的处罚。

3.2　淘宝天猫 SEO 常用工具：生意参谋

生意参谋是专业的一站式数据分析平台。它按照数据分析、问题诊断、优化提高进行环环紧扣的逻辑设计，帮助用户分析曝光、点击和反馈等效果，针对性地给出诊断结果，并提供解决方案，帮助提升用户的店铺优化效果。

3.2.1　工具首页数据分析

生意参谋首页集中展示了一些非常重要的店铺数据，主要包括实时概况、整体看板、流量看板、转化看板、客单看板、评价看板、竞争情报和行业排行等板块，下面分别进行介绍。

（1）实时概况：最上方是实时直播、店铺概况等数据，可以让卖家快速了解当天支付金额、访客数、支付买家数、浏览量、支付子订单数以及近 30 天支付金额排行等店铺实时动态数据，如图 3-3 所示。

（2）整体看板：包括各种指标数据单和动态对比图（与同行同层平均、同行同层优秀对比），让卖家清楚自己的经营水平和不足的地方，如图 3-4 所示。

图3-3　实时概况

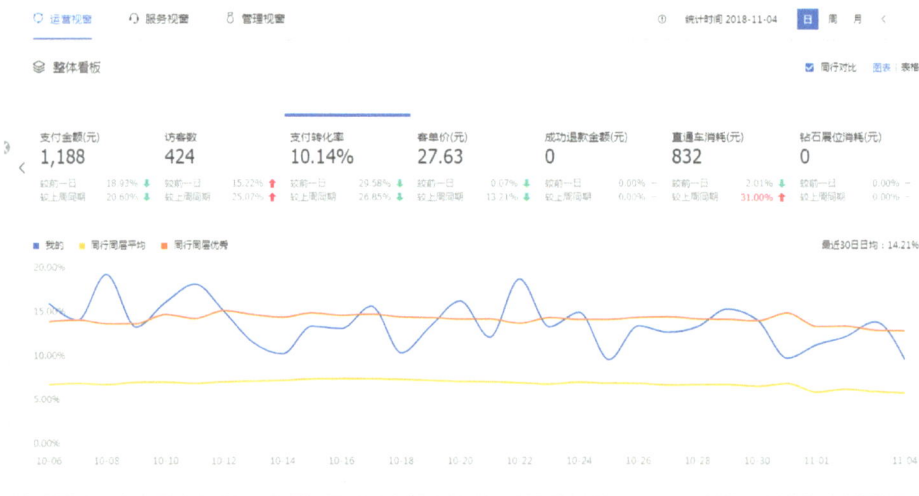

图3-4　整体看板

（3）流量看板：包括一级流量走向分析、二级流量来源分析、搜索词排行、跳失率、人均浏览量、平均停留时长等数据。卖家可以通过这些数据知道流量来源的主要渠道，以及访客是通过搜索哪些关键词进入到店铺的。其他没有引流的渠道和关键词则可以考虑进行优化，如图3-5所示。

（4）转化看板：主要显示访客的收藏转化率、加购转化率和支付转化率等数据以及相关的商品排行榜，如图3-6所示。店铺要创收，就必须要有转化，卖家可以根据每款商品的转化情况来研究商品的经营价值。针对支付转化率高的商品，卖家可以考虑将其打造成爆款的可能；针对访客收藏加购转化率高的商品，卖家可以考虑进行二次营销，刺激买家购买。

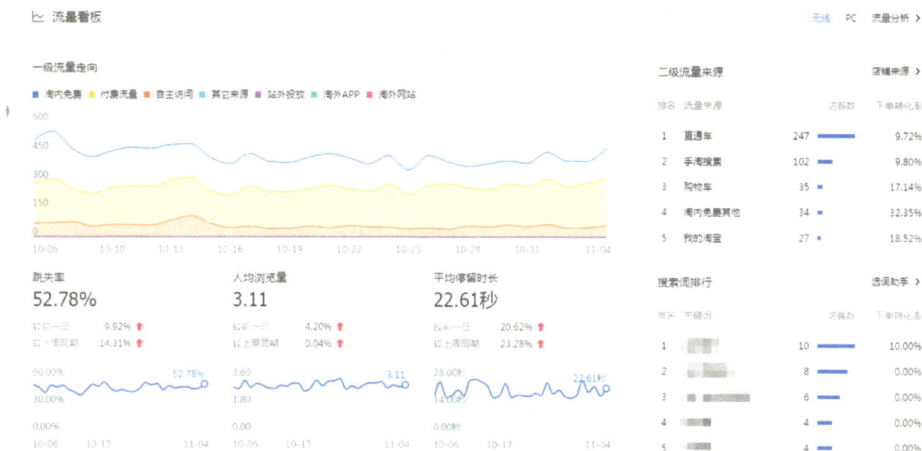

图3-5　流量看板

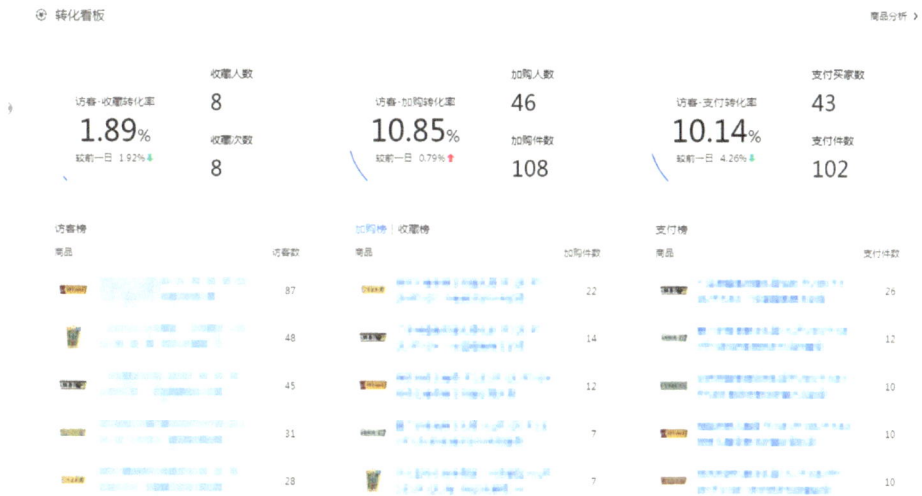

图3-6　转化看板

（5）客单看板：包括买家构成的客单分布、支付件数分布、人均支付件数、连带率以及搭配推荐等数据图表分析，如图 3-7 所示。这些客单数据报表也非常重要，卖家在给自己的店铺进行定位时，需要匹配访客成交的单数、件数以及成交额，若无法匹配，就需要进一步地分析定位的准确性。

ℝ 客单看板

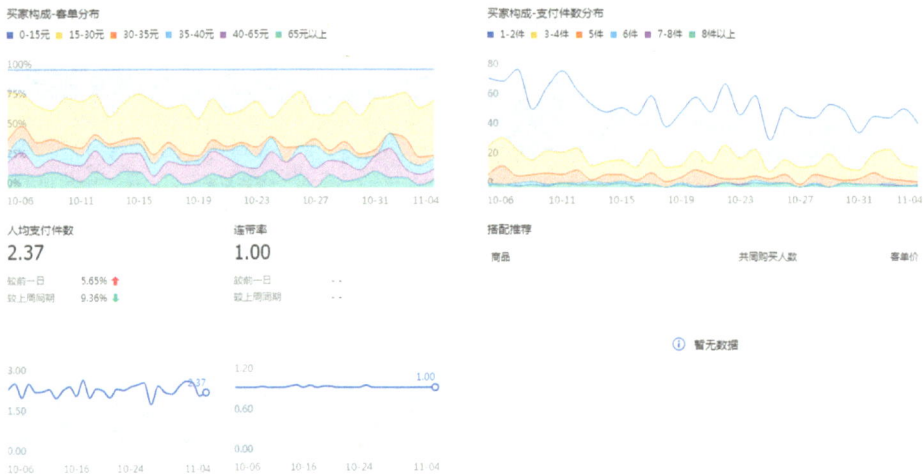

图3-7　客单看板

（6）评价看板：需要开通"生意参谋单店版服务洞察"功能才能激活"评价看板"，通过该板块可以及时了解店铺的整体评价概况。

（7）竞争情报：主要包括流失金额、流失人数、引起本店流失店铺数以及流失竞店发现等数据图表分析，如图 3-8 所示。"竞争情报"板块可以帮卖家找到精准的竞店群体，通过分析竞店群体来及时调整自己店铺的运营策略，从而促进转化率的提升。

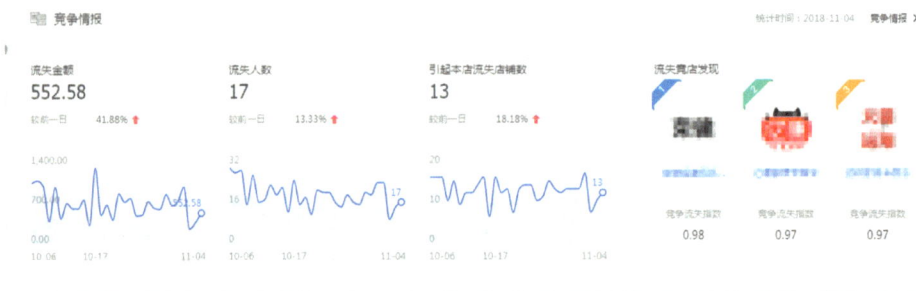

图3-8　竞争情报

（8）行业排行：包括与卖家主营类目相同的行业店铺、商品和搜索词排行榜，卖家可以根据这些数据来选取一些好的关键词运用到自己的店铺标题中，如图 3-9 所示。交易指数越高，表示交易量越高；搜索人气越高，表示搜索人数越多。

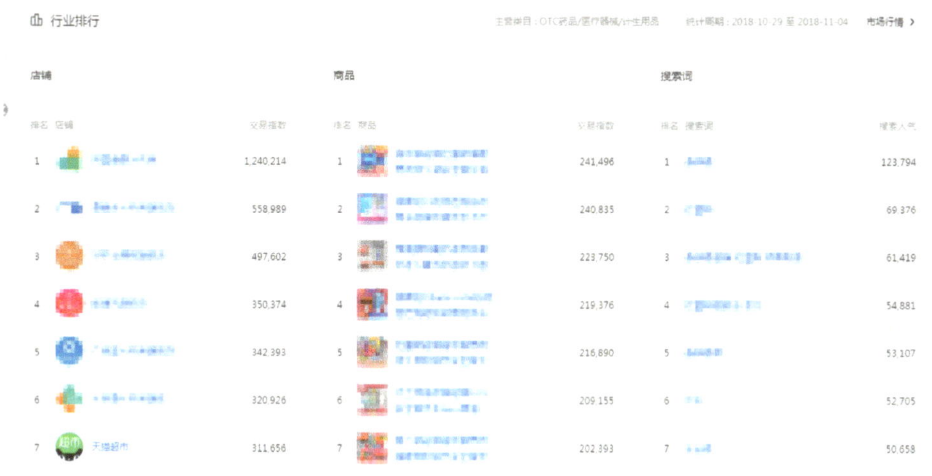

图3-9　行业排行

3.2.2　实时直播数据分析

"实时直播"主要包括实时概况、实时来源、实时榜单、实时访客以及实时催付宝 5 个模块，下面对各功能模块分别进行介绍。

（1）实时概况：包括实时总览（图 3-10 暂未显示）和实时趋势两个部分，方便卖家对比分析。实时总览包括访客数、浏览量、支付金额、支付子订单数、支付买家数等指标的相关数据和行业排名情况。实时趋势包括分时段趋势图和时段累计图两种形式，可以查看所有终端的支付金额、访客数、支付买家数和支付子订单数等情况，如图 3-10 所示。实时趋势图可以非常直观地展示数据波动情况，

图3-10　实时概况－实时趋势

更能引起卖家的注意。卖家可以根据这些数据的波动,来调整店铺的营销策略。

例如,从"所有终端 - 支付金额"趋势对比图中可以发现,在 14:00 ~ 14:59 这个时间段,昨天卖了 170.79 元,今天才卖了 45.07 元,销售额出现了大幅度下滑。此时卖家就要马上去找原因了。

(2)实时来源:可以查看访客是从哪些渠道进入店铺的,便于对客户进行分析,主要包括 PC 端来源分布、无线端来源分布等板块,如图 3-11 所示。

图3-11　实时来源中的PC端来源分布和无线端来源分布情况

从上图可以看到,目前 PC 端几乎没有什么流量了。以无线端为例,单击"淘内免费"展开选项,卖家可以看到更加详细的访客来源以及构成,如图 3-12 所示。可以看到访客来源最多的渠道就是手淘搜索,单击后面的"查看详情",即可看到所有使用手淘搜索入店的买家是通过搜索哪些关键词进店的、人数分

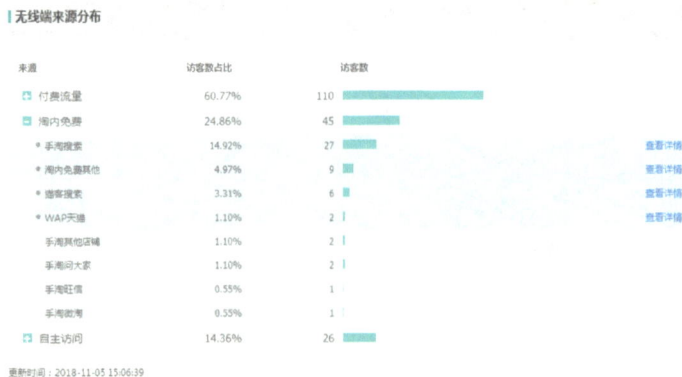

图3-12　无线端的"淘内免费"访客来源菜单

别是多少。此时，卖家即可针对这些关键词进行优化，吸引更多的人搜索进店，然后设置优惠券、赠品，引导他们下单成交，提高转化率。

（3）实时榜单：主要显示访客数 TOP50 和支付金额 TOP50 的商品榜，如图 3-13 所示。实时榜单可以非常直观地找到流量款，卖家一定要注意这些商品的流量、转化及库存的变化，做好解决一切可能发生的问题的准备。同时，卖家还需要关注其他高转化率的商品和评论，如果评论没有问题，则可以进行重点推广，因为这些高转化率的商品有流量爆发的基础。

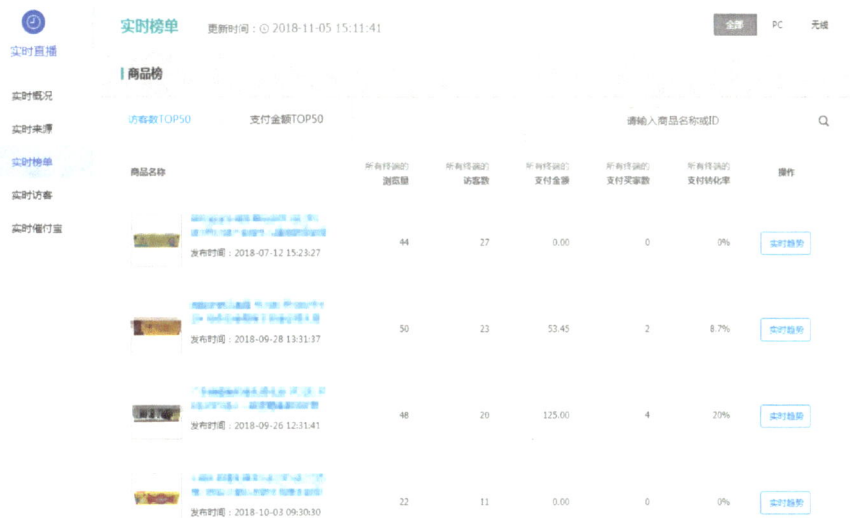

图3-13 实时榜单

（4）实时访客：卖家可以设置访客类型、流量来源和访问页面等条件，搜索相应的访客数据，包括访问时间、入店来源、被访页面、访客位置以及访客编号等。这些数据可以帮助卖家分析顾客的浏览习惯、流量来源、访客特征，如图 3-14 所示。

（5）实时催付宝：这个功能非常重要，出现在此处的买家必须具备 3 个非常苛刻的条件，因此催付的成功率非常地高，如图 3-15 所示。特别是在大促活动期间，卖家还需要安排人员专门关注这块数据，做好此处的催付工作，这样可以很好地提高销量及转化率。

3.2.3 数据作战室分析

"数据作战室"就是之前的"实时大屏"，现在已经变成了付费功能，大卖家可以购买使用，如图 3-16 所示。在大促活动期间，可以将"数据作战室"的画面转投到电视机或大屏幕上，数据快速增长的可视化，可以更好地激励团队。

图3-14　实时访客

图3-15　实时催付宝

图3-16　"数据作战室"界面

在"双十一"期间，我们可以看到阿里官方的酷炫直播大屏。现在卖家也能拥有属于自己的数据大屏，那就是"数据作战室"服务。"数据作战室"通过核心数据大屏监控，可以助力卖家进行全局指挥，实现数据化的企业品牌宣传。"数据作战室"的核心功能如图 3-17 所示。

大屏数字化传播
提供接待大屏、多店/单店大屏、活动大屏、行业大屏、物流大屏、客服大屏等近10块实时大屏，帮助企业决策层快速了解经营动态，双11等重大时节，更能渲染氛围，制造品牌，鼓舞士气。

历史活动沉淀分析
沉淀店铺历史活动数据，提供历史活动的商品表现、消费者行为偏好，帮助店铺预测爆款，分配流量，确定利益点。（双11数据最长可追溯3年，其他最长可追溯400天。）

活动效果实时追踪
提供预热分析、预售分析、实时分析等多种活动分析能力，帮助店铺全程追踪活动效果，如有异常马上发现；活动结束自动生成复盘报告，及时优化，诊断企业诊断问题，及时优化。

竞争异动深度洞察
在确保数据安全的前提下，从交易、流量、商品等多个维度帮助企业追踪竞品动态，日常和大型活动期间，帮您快速了解同行异动情况，取长补短，百战百胜。

图3-17　"数据作战室"的核心功能

3.2.4　流量纵横分析工具

"流量纵横"分析工具包括流量概况、来源分析、动线分析和消费者分析 4 个功能，是一个比较实用的工具，可以帮助卖家全方位地解析产品的流量组成。

1. 流量概况

流量概况包括流量看板、计划监控和访客分析 3 个模块。

（1）流量看板：包括流量总览、流量来源排行 TOP10 和商品流量排行 TOP10 等实时数据监控，方便卖家进行同行同层对比，如图 3-18 所示（图中只显示流量总览的内容）。卖家可以通过该板块及时地掌握店铺访客、转化和客单价的动态变化情况，根据各方面数据变动找出店铺问题点，并根据问题点来快速做出调整。

（2）计划监控：可以监控店铺的年度计划，清晰了解到各个方面的完成进度和整体的目标完成情况。如果卖家还没制订年度计划，可以点击"流量计划"链接来创建计划，如图 3-19 所示。

（3）访客分析：可以查看访客分布和访客对比等数据情况如图 3-20 所示（图中并未显示具体的访客分布界面）。访客分布包括时段分布、地域分布、特征分布、行为分布等数据分析，访客对比包括消费层级、性别、年龄等对比。通过访客分析，卖家可以找准流量高峰时段，并在此时段果断上新。

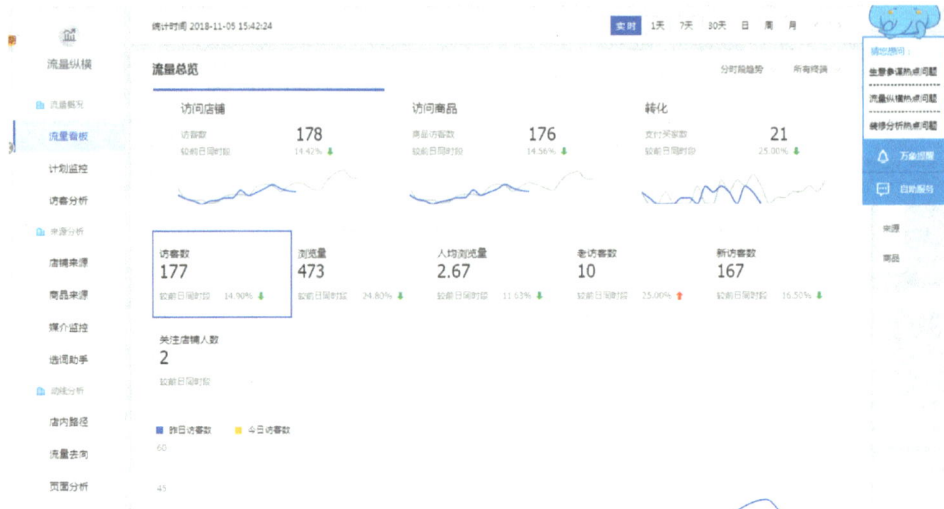

图3-18　流量看板

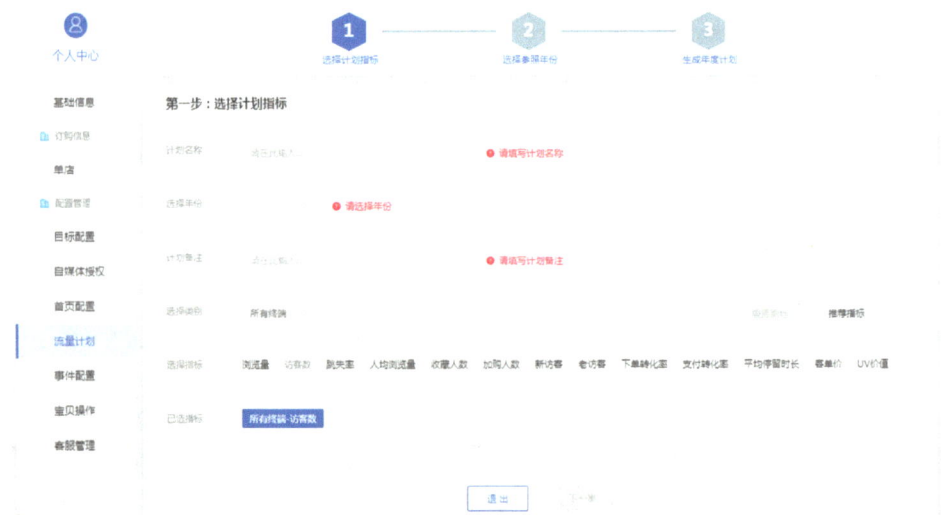

图3-19　流量计划

2. 来源分析

来源分析包括店铺来源、商品来源、媒介监控以及选词助手4个板块。

（1）店铺来源：包括构成、对比和同行3个部分，构成界面主要显示店铺的流量来源构成情况，帮助卖家更直观地了解整体店铺流量的情况，如图3-21所示。对比界面可以添加多个流量来源渠道，进行数据走势对比。同行界面可以对比同行平均数据和优秀数据。卖家可以通过该功能监控店铺主要流量渠道的实时趋势和差距，同时关注和优化重点流量渠道。

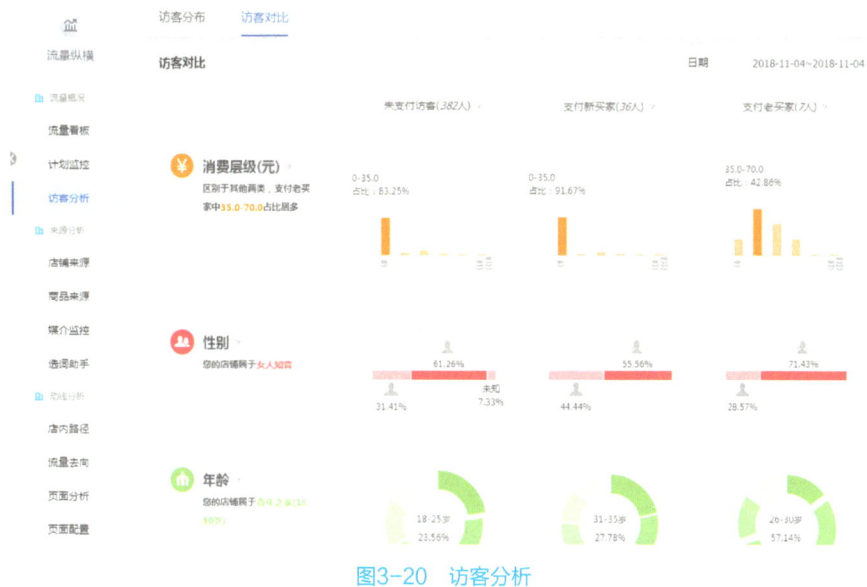

图3-20　访客分析

图3-21　店铺来源－流量来源构成

（2）商品来源：可以更加直观地查看各商品不同流量来源的访客数（占比）的情况，如图 3-22 所示。从图中可以看到该商品的流量基本是直通车的付费流量，因此卖家需要对其免费流量渠道进行优化调整。

（3）媒介监控：可以监控淘宝站外媒介的推广效果，如今日头条、微博和优酷等，支持全年营销 ROI（Return On Investment，投资回报率）监控、15 天转化周期、商品粒度成交分析、淘外媒介人群画像分析等功能。

（4）选词助手：包括引流搜索词和行业相关搜索词两个部分，显示各个

图3-22　商品流量来源分析

关键词带来的访客数、引导下单转化率、全网搜索热度、全网点击率、全网商品数等数据，还可以对每个关键词进行详情分析，如图3-23所示。卖家可以查看这些关键词的引流效果和转化效果，以及通过全网的搜索热度对比来判断这个关键词是否为热词、竞争是否过强等，从而调整付费流量的投入。

图3-23　选词助手

3. 动线分析

动线分析包括店内路径、流量去向、页面分析以及页面配置4个板块。

（1）店内路径：包括无线入店与承接（淘宝、天猫和无线 WAP 各入口的访客数、下单买家数和下单转化率）、店内路径（首页、商品详情页、店铺内容页面、店铺导购页面以及店铺其他页的访客数和占比）、页面访问排行，如图 3-24 所示。店内路径可以帮助卖家调整页面装修和促销活动，抓住买家的浏览习惯，提高转化率和浏览深度。

图3-24　店内路径

（2）流量去向：包括买家"离开页面排行"和"离开页面去向排行"两个数据，可以帮助卖家找到店铺各个页面的流量流失去向，如图 3-25 所示。

图3-25　流量去向

（3）页面分析：包括首页、自定义承接页和商品详情页的各个数据统计情况，卖家还可以查看相关页面的分布明细、数据趋势和引导详情，如图 3-26 所示。卖家可以通过设置流量和转化相关的筛选条件，来查看手机淘宝店铺首页和商品详情页的相关数据，更清晰地了解各个页面的流量和转化情况。

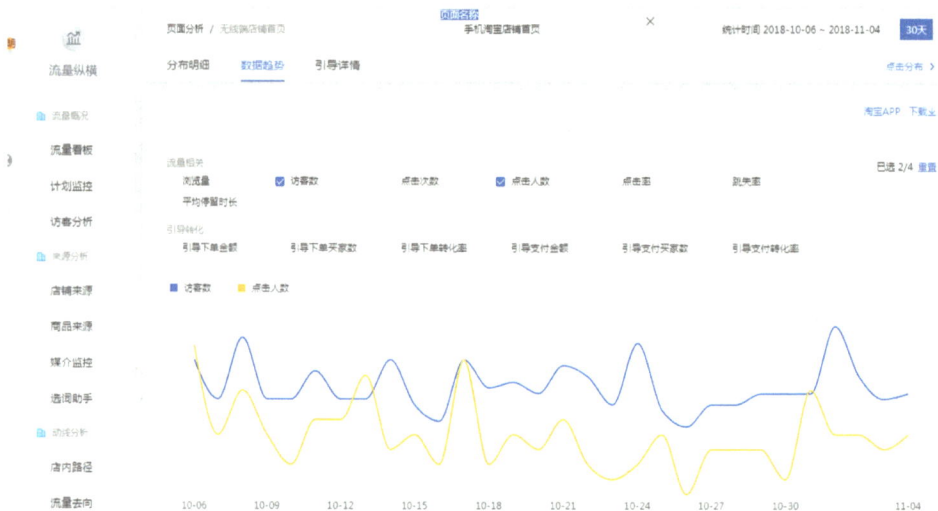

图3-26　页面分析－数据趋势

（4）页面配置：卖家可以在此处添加定制商品详情页、自定义页和承接页的流量分析情况，以带来更好的数据分析体验，如图 3-27 所示。

图3-27　页面配置

4. 消费者分析

消费者分析包括会员上传和人群报告两个板块。消费者报告可以进行 CRM（Customer Relationship Management，客户管理关系）人群融合跟踪监测（人群效果数据、人群画像等），消费者融合则支持 CRM 人群上传功能。消费者分析是收费功能，卖家需要购买专业版才能使用。生意参谋专业版通过补全全媒介、全链路的消费者流量数据，结合渠道消费者画像，来帮助商家多维度分析渠道效果，建立以消费者为驱动的流量运营体系。

3.2.5 品类罗盘分析工具

"品类罗盘"替代了之前的商品功能模块，包括"驾驶舱"、商品洞察、品类洞察、定制分析和配置中心五大功能，同时提供的数据更多维度，提供的决策依据更科学，如图 3-28 所示。

图3-28 "品类罗盘"界面

1. "驾驶舱"

"驾驶舱"包括实时播报和宏观监控两个板块。

（1）实时播报：包括实时监控、实时预警、实时商品榜以及关注的商品等功能，卖家能够针对一天之中的实时情况及时进行产品调整。

（2）宏观监控：包括本周销售、本月销售、全年销售等店铺商品的整体表现，以及核心指标监控和全量商品排行等趋势发展情况数据分析功能，帮助卖家从大量的产品当中快速找到潜力产品，如图 3-29 所示。

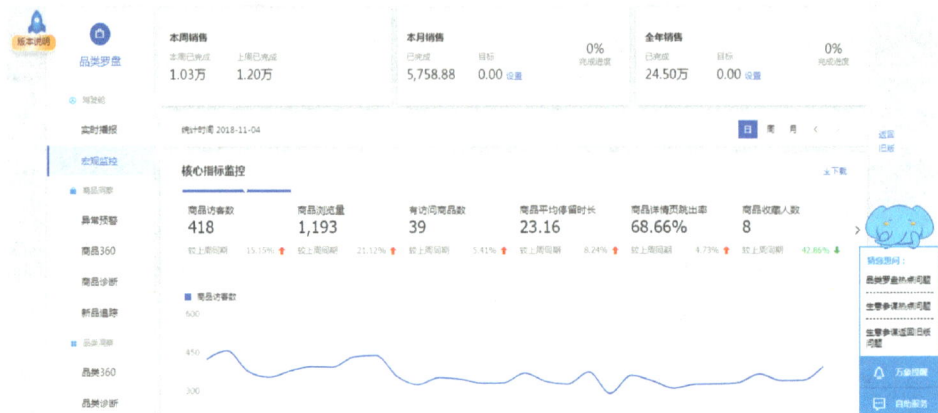

图3-29 "驾驶舱"-宏观监控

2. 商品洞察

商品洞察即原"商品效果＋异常商品"功能的结合，可以帮助卖家全景多维度洞察店铺商品的经营情况。

（1）异常预警：支持流量、转化、销量、差评、退款、缺货、滞销等异常数据的分析，帮助商家及时发现店内的异常波动。

（2）商品360：支持商品搜索、销售-实时数据、销售-离线数据、价格（价格弹性、市场价格带）、库存（缺货SKU、滞销SKU、库存修改）、流量（标题优化、热搜词）、内容（TOP内容、TOP渠道）、客群（搜索人群、访问人群、支付人群）、连带（搭配推荐）以及服务等相关功能，如图3-30所示。不过，

图3-30 商品360

商品 360 中的大部分功能都是收费的，说明电商流量和数据的成本已经越来越高。因此卖家更应该去读懂数据并合理应用，用数据驱动店铺业绩发展。

（3）商品诊断：包括价值评估和竞争力评估两大功能。它通过对商品评分与金额、价格与销量、访客与销量这 3 组指标的长周期监控分析，给出商品结构的建议引导；通过智能诊断模型形成商品雷达评分图，清晰直观地展示商品核心指标的具体影响，并得出评分具体维度构成，帮助卖家快速锁定具体问题。

（4）新品追踪：目前仅支持天猫商家，包括新品全年复盘、新品 360 分析（销售、SKU、流量、客群）等功能。

3. 品类洞察

品类洞察是一个新增板块，这一板块通过对品类的深度挖掘分析，帮助卖家洞察更多品类机会，其主要功能模块如下。

（1）品类 360：支持品类搜索、品类 360- 标准类目（销售、价格带、属性、流量、客群等数据分析）、品类 360- 导购类目（销售数据分析）等功能。

（2）品类诊断：支持价值评估功能，帮助卖家诊断店铺主营品类的价值，挖掘品类的增长机会。

（3）货源发现：支持供应链诊断和优质工厂推荐功能，全面展现店铺各热销类目的品质退款率和支付到发货供货时长能力的数据，并能够根据同行对比筛选出卖家需要做供应链优化的类目。它还为卖家推荐 1688 淘工厂优质的生产加工供应链商家，提升店铺的供应链运营能力，如图 3-31 所示。

图3-31　1688淘工厂

4. 定制分析

定制分析也是"品类罗盘"中的一个新增板块，卖家可以通过自定义设置来玩转个性化的品类分析，主要功能如下。

（1）区间分析：支持价格带、支付金额、支付件数的分析功能。

（2）标签分析：支持聚类分析（在相似的基础上搜集数据来分类）功能。

5. 配置中心

配置中心只有一个配置计划板块，主要包括目标配置和标签配置功能，为商家提供场景化、定制化的智能品类分析方案。

3.2.6　店铺交易分析工具

交易分析包括交易概况、交易构成和交易明细 3 个板块。它可以从店铺整体到局部分析店铺交易情况，帮助卖家及时掌控店铺交易问题，并提供资金回流行动点。

（1）交易概况：包括交易总览和交易趋势两个功能。交易概况展示了店铺在指定时间里所产生的销售额和相关指标的实际情况，通过从访客到下单再到支付的交易漏斗，让卖家能更清晰地理解店铺转化，并且提供店铺趋势图及同行对比趋势图，帮助卖家快速了解店铺的实力，如图 3-32 所示。

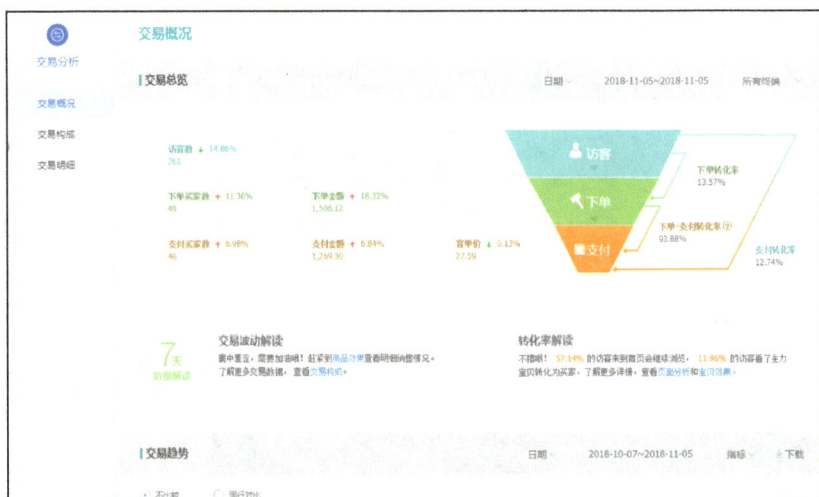

图3-32　交易概况

（2）交易构成：包括终端构成、类目构成、品牌构成、价格带构成、资金回流构成等数据分析功能，分析店铺交易情况，同时还提供资金回流行动点，以促进店铺资金回流，如图 3-33 所示。

图3-33　交易构成

（3）交易明细：显示店铺的交易明细数据诊断结果。卖家还可以配置运费模板，完善运费计算方式，了解运费成本情况，如图 3-34 所示。

图3-34　交易明细

3.2.7　店铺内容分析工具

"内容分析"是生意参谋的新增功能，包括内容概况、粉丝关系、自制内容和合作达人 4 个功能板块，可以帮助卖家通过数据分析来提升内容营销的效率。卖家可以通过该工具查看不同类型的内容，如图文、直播和视频等对应的浏览数据、交易数据和转化数据。

1. 内容概况

内容概况包括整体概况、渠道分析、商品分析、单条分析 4 个部分。

（1）整体概况：显示店铺一段时间内的整体概况，包括粉丝资产、浏览互动和引导成交的相关数据，如图 3-35 所示。

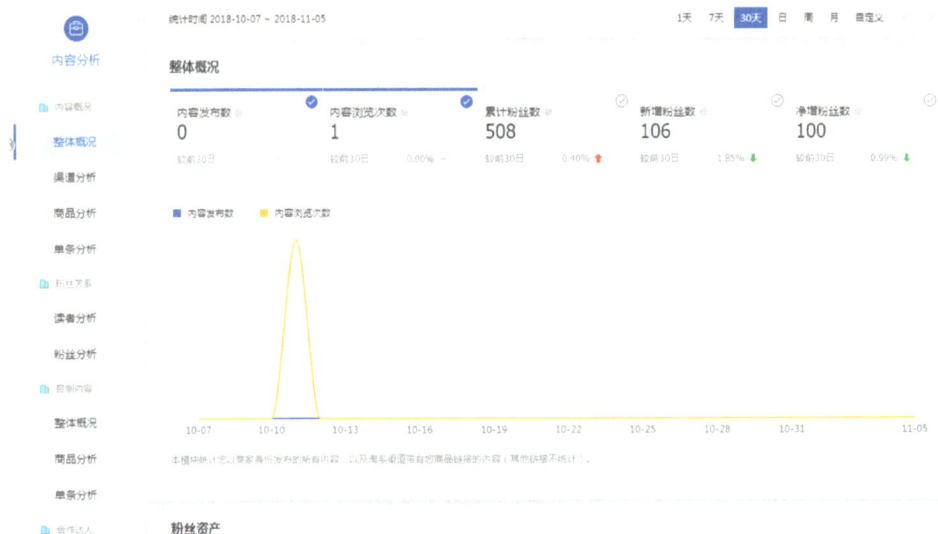

图3-35　整体概况

（2）渠道分析：包括各个内容渠道的浏览次数、浏览人数、互动次数、引导进店次数、引导进店人数以及相关操作，其中主要包括微淘、淘宝头条、有好货、必买清单、爱逛街、淘宝直播、买遍全球、时尚大咖、我淘我家、潮流酷玩、生活研究所、达人主页以及手淘搜索等渠道。这些数据能让卖家清楚各渠道的引流效果，如图 3-36 所示。

（3）商品分析：显示商品在不同的内容渠道上的推广详情，帮助卖家找到更适合内容营销的商品，然后再有针对性地调整推广策略。

（4）单条分析：卖家可以查看图文、短视频和直播等内容的阅读转化情况，如浏览次数、浏览人数、互动次数、引导进店次数、引导收藏次数、引导加购次数等多个指标，如图 3-37 所示。单条内容在各渠道被浏览了多少次，随后产生了多少转化量，卖家在这里可以一目了然，从而挖掘出转化率最高的内容，更好地分析买家偏好，调整内容营销策略。

图3-36　渠道分析

图3-37　单条分析

2. 粉丝关系

粉丝关系主要包括读者分析和粉丝分析两个部分。

（1）读者分析：统计内容读者的关键数据、基础特征（性别占比、年龄分布）、地域分布、人生经历（职业分布、学历占比）、读者偏好排行（读者浏览的品牌偏好、类目偏好）等数据，帮助卖家洞察读者行为，更好地挖掘内容生态价值，如图 3-38 所示。

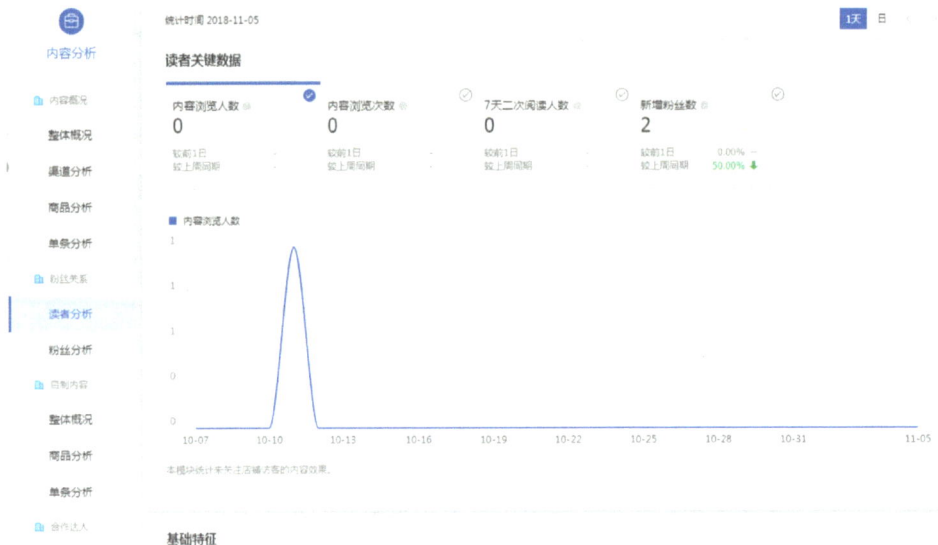

图3-38　读者分析

（2）粉丝分析：支持粉丝关键数据（可在图表上叠加显示）、粉丝对比、基础特征、地域分布、人生经历以及消费偏好（消费层级、兴趣爱好）等数据分析功能，帮助卖家精准剖析粉丝画像，如图 3-39 所示。

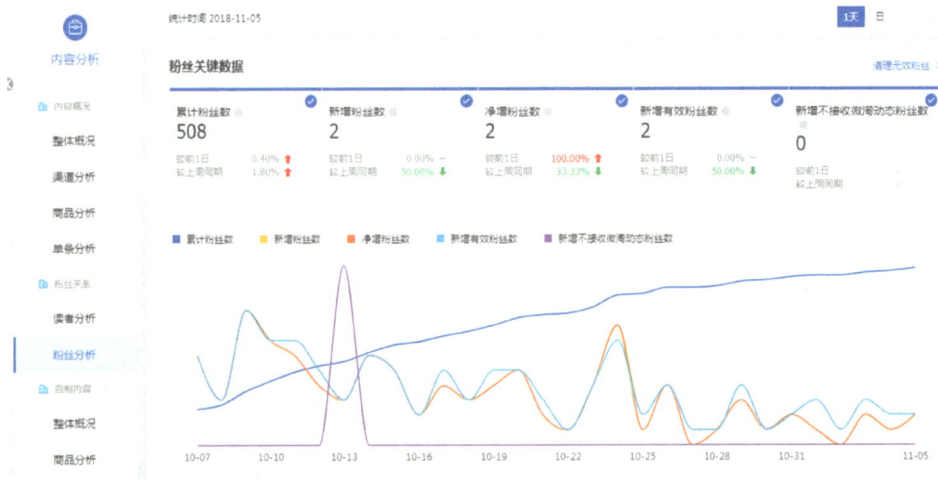

图3-39　粉丝分析

3. 自制内容

自制内容包括整体概况、商品分析和单条分析 3 个部分。它主要是针对卖家自制内容部分的浏览互动、引导成交、商品排行和单条内容等数据进行分析。卖家可以通过查看自制内容的浏览情况和加购收藏等情况，判断自制内容的阅读情况和转化效果，从而调整运营策略。

4. 合作达人

合作达人包括 V 任务效果、达人榜单与单条分析 3 个部分，可监控合作达人的整体概况，以及不同任务的浏览互动转化情况、带来的"增粉""掉粉"情况和主要曝光渠道，V 任务效果界面如图 3-40 所示。

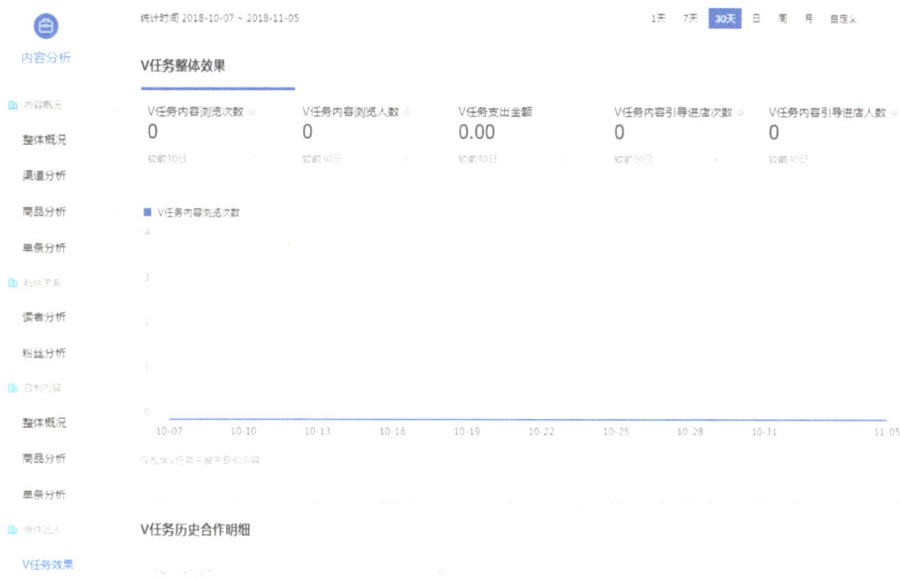

图3-40　V任务效果界面

3.3 优化 SEO：快速找到商品排名突破口

了解了生意参谋数据工具的基本使用方法后，卖家就可以以得到的数据为基础，配合不同的分析策略来优化 SEO，快速找到提高商品排名的突破口。

3.3.1 从搜索机制出发优化 SEO

卖家在进行淘宝 SEO 优化前，首先要弄清楚买家都是通过什么方式来搜索店铺和商品的，然后从搜索机制出发优化 SEO，并制订不同的优化方案。

目前，淘宝的搜索机制有关键词搜索、类目搜索、个性化搜索和店铺搜索。其中，大部分买家都是通过淘宝的搜索框输入关键词来查找商品的，因此关键词搜索是淘宝 SEO 的关键所在。

图 3-41 所示为在淘宝搜索框中输入关键词"无人智能售货机"并单击"搜索"后出现的部分搜索结果。从搜索结果中可以看到，这些商品的标题有一个共同点，那就是都包含了"无人""智能""售货机"这些关键词，而且这些词大部分没有组合在一起，是被打乱后放在标题中的。

图3-41　搜索"无人智能售货机"关键词的部分结果

因此，从搜索机制出发优化 SEO 的重点就在于商品标题的关键词组成。只有贴合买家所搜索的关键词，才能被买家搜索到。卖家可以通过生意参谋来查看自己的商品在手淘搜索中的流量来源详情，并找到买家最常用的关键词，如图 3-42 所示。

那些买家不怎么使用的关键词，或者转化率不高的关键词，价值通常都不大。另外，找到热搜词后，卖家还需要分析是否与自己的推广商品相符合、竞争力大不大、引流效果好不好等。

3.3.2　从展示机制出发优化 SEO

买家购物的基本流程是：搜索商品→商品展示→选择商品→下单购买。因此，除了从搜索机制出发优化 SEO，还可以从展示机制出发来优化 SEO。在商

图3-42　手淘搜索中的流量来源详情

品展示环节，也就是关键词的搜索结果页面，商品的展示机制通常包括综合、价格、信用和销量4种常用排序模式，如图3-43所示。同时，手淘端还增加了一个"视频"排序模式，给那些优质的内容电商创业者提供了更多流量，这是所有商家需要重点关注和优化的地方，如图3-44所示。

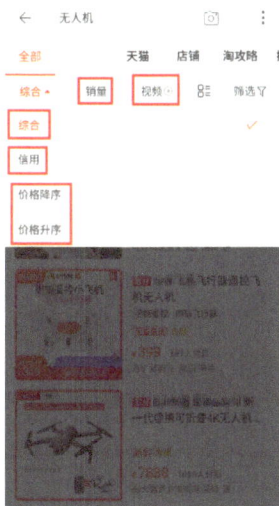

图3-43　手淘的展示机制

图3-44　"视频"排序模式

　　买家在搜索商品时，系统默认以综合排序模式展示，这是淘宝最重要的商品展示模式，占据了80%的流量。例如，在搜索"水壶"这个关键词时，如果不特意选择排序方式，那么默认就是按照综合排序模式来展示商品，如图 3-45 所示。

图3-45　综合排序模式展示商品

从图 3-45 中可以看到，排在第 1 位的商品销量并不是最高的，甚至远低于排在第 2 位和第 3 位的商品。这是因为综合排序模式涉及的因素非常多，如商品的上下架时间、综合评分、销量、信用以及价格等。同时，系统会对每一个因素评分（即下一章要讲到的权重），然后计算这个商品的综合得分，并以此作为排名的主要依据。虽然这其中的算法官方并没有公开，但卖家还是需要针对这些排序因素去做优化，从而提升商品的展示排名。

3.3.3　从店铺人气出发优化 SEO

通常情况下，商品的排名与店铺人气息息相关：排名高了，人气自然高了；而店铺人气高了，商品排名也会提升。因此，商家既需要重视商品排名提升，也要重视店铺人气提升，双管齐下，稳固店铺的销量，让店铺得以快速稳步发展，盈利更多。

提升商品排名的技巧如下。

1. 整理、精简店铺商品销量

现在的搜索排名越来越重视商品人气和评分，而不是销量。其中销量显示调整，就是为了优化搜索排名，减少销量对于排名的影响。因此，只有店铺的商品越受欢迎，评分越高，才越有利于商品排名。

2. 设置好商品标题的关键词

设置商品标题的关键词需要注意的是，标题应该包括商品的基本属性和类别，然后再在这个前提下去增加其他的关键词。在增加其他关键词的时候，要多搜索一下其他商家同类宝贝的关键词，并且利用一些工具去查找一下热门关键词。

标题里如果包含热搜关键词，会大大增加商品的展现机会。关于关键词的搜集和标题的设置，前面有具体的方法，这里不再赘述。

3. 关注商品属性、季节性变化

如果是夏季，而你却销售冬季的宝贝，排名肯定靠后。大量商品都排名靠后，就会严重影响店铺商品的展示，从而影响店铺销量。因此商家们需要时刻关注商品属性和季节性的变化，及时调整更换商品，把店铺内不是本季的商品，下架到仓库，否则会造成降权，连累店铺排名和其他商品排名。

第4章

权重提升：
"千人千面"的个性化展示

权重是淘宝平台制定的一个相对公平的"打分标准"，代表了店铺在淘宝搜索结果中的影响力。在做淘宝店铺 SEO 优化时，权重的提升非常重要。只有权重高，才能在"千人千面"的个性化展示机制下取得好排名。有排名才有流量，有流量才有销量！

4.1 淘宝天猫权重

淘宝经过 10 多年粗放式的增长，流量获取遇到了"瓶颈"。城市里的网购主力军基本都已经"触网"消费，人口红利逐渐消失殆尽，因此，淘宝开始走向精耕细作之路，要让单个流量的价值最大化。

实现单个流量价值最大化的方法就是让消费者更多的消费，为消费者提供更加精准的商品，俗称"千人千面"，指每一个淘宝用户搜索的商品结果都是根据自己的浏览和购物记录来推荐的。

这一项变化对卖家的影响非常大，严重减少了爆款的展现机会并缩短了生命周期，之前一个爆款可以持续半年甚至一年，但是现在已经不可能了。原因主要有两个，首先就是"千人千面"，其次还有后来引入的 7 天成交权重。本节要介绍的就是淘宝天猫的权重，具体包括关键词权重、销量权重、人气分权重和店铺权重。

4.1.1 关键词权重

权重是一个相对概念，是针对某一指标而言的，如淘宝权重就是平台根据商品表现给出的一个估值，这个估值对于排名的影响非常大。

那么关键词权重有什么作用呢？例如，打开淘宝搜索"汽车坐垫"，会出现一个众多宝贝的搜索排名，搜索排名越靠前，在页面的展现位置也会相对应地靠前，如图 4-1 所示。这个搜索排名就是靠关键词权重来衡量的。

自然搜索流量可以为店铺带来最精准的访客，转化率和销量自然也会更高。提升关键词权重的主要方法就是优化宝贝标题，其中标题关键词的选择、组合是重点，在下一章会介绍标题优化的具体方法。

4.1.2 销量权重

销量权重主要包括付款权重（权重占比很低）和收货权重，有销量的商品搜索权重大，而没有销量的商品会影响店铺的整体权重。对于那些销量不好的商品，商家可以适当调整价格或者做一些促销活动进行推广，销量仍然上不去就撤货，更换新品。

过去，销量权重对于搜索排名的影响非常大，只要销量高，排名就好。随着淘宝的系统升级，如今搜索排序更注重"千人千面"下的个性化标签，而销量

图4-1　权重会影响搜索排名

权重则被大幅减弱。虽然销量权重没有之前那么好的引流效果，但还是有一定的地位，因此卖家也需要做一些努力去提升这个权重。下面介绍了一些常用方法，如图4-2所示。

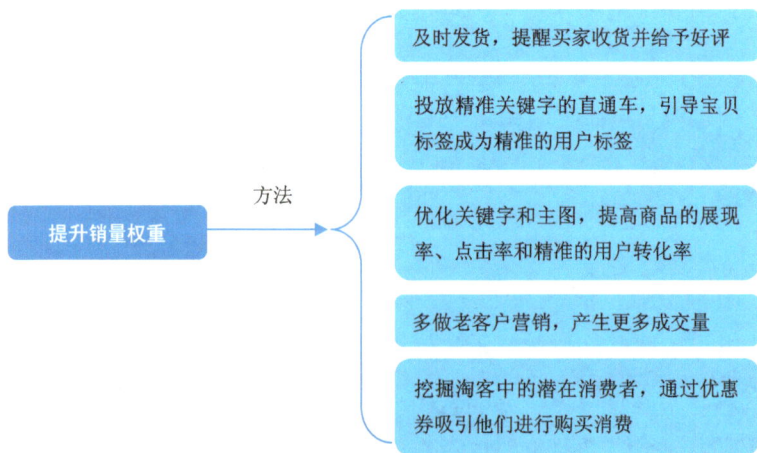

图4-2　提升销量权重的方法

4.1.3　人气分权重

人气分权重就是增量权重，可以分为商品人气分和店铺人气分两个大类。

影响人气分权重的因素主要包括点击率、转化率、点击量、销量、直通车质量得分以及宝贝热度。最受欢迎的宝贝通常会得到系统给予的大量流量支持，此时可以增加卖家的宝贝和店铺收藏量。收藏代表访客喜欢这个产品或店铺，虽然他们暂时没有买，但是他的这个需求已经被系统记录了，如图4-3所示。

图4-3　收藏量是宝贝人气的直接体现

4.1.4　店铺权重

　　店铺权重比其他权重的可控性更强，提升起来比较容易。影响店铺权重的主要因素如下，卖家可以从这些方面去做优化和提升。

　　（1）消费者保障：有消费者保证金的店铺通常会排在无消费者保证金的店铺前面，如图4-4所示。

图4-4　店铺保证金

（2）店铺资质：前面已经提到过，天猫和企业店铺资质是高于普通 C 店的，而且普通 C 店也有一定的流量层级，层级越高，流量越大。卖家可以开通 7 天无理由退换、公益宝贝、运费险、订单险、淘金币、淘宝客等服务，能开通的服务尽量开通，虽然这些服务带来的权重不多，但也能有一点小帮助。

（3）成交客户信誉值：成交客户的信誉值越高，排名越靠前。

（4）店铺好评率：好评率越高的店铺，权重值也会越高。

（5）无线端店铺装修：无线端店铺装修越完善权重值越高。

（6）店铺作弊扣分：作弊和扣分越少权重值越高，作弊被查处的严重的则会被封店。

（7）店铺产品滞销率：店铺零销量产品的数量占总数比例越低，权重值越高。

（8）上新动销率：店铺保持持续的产品上新也能获得加权，因此尽量不要一次性发布多个产品，可以分批次上架。

（9）质量退款率：如果店铺因质量问题产生的退款率过高，系统会进行品控抽检，不过关的商品会被下架甚至删除，会严重影响单品权重。

（10）服务售后：店铺 DSR 评分和售后服务指标数据越好，权重值越高。

（11）金牌卖家：升级为金牌卖家可以提高转化率，参与活动也可以优先审核，且信誉好、有助销量，同时还能获得一些权重，如图 4-5 所示。

图4-5　金牌卖家

4.2　全方位解读搜索权重模型

淘宝的引流入口非常多，但最大的入口还是关键词搜索。当买家在搜索关键词时，系统会在相关类目中找到包含该关键词的产品，然后通过降序排列的方式展现出来。降序排列的规则就是自然搜索的权重模型，如图 4-6 所示。

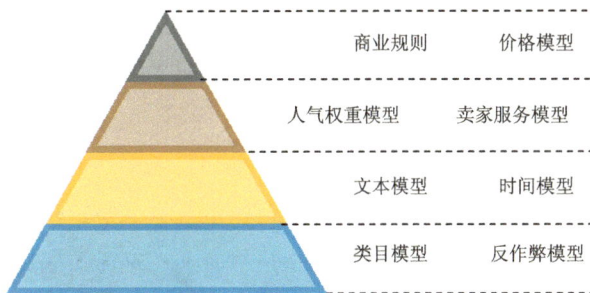

图4-6　自然搜索的权重模型

搜索排序正是经过这个模型从下至上一步步筛选的。最低层是最优先筛查的模型体系，包括系统的类目模型和反作弊模型，此处的优先级最大，基数也最大。例如，平台的产品总量是 100 万个，在最低层模型中可以筛选出 10 万个；然后到第 2 层的文本模型和时间模型区筛选，再筛选出 5 万个商品；再到第 3 层的人气权重模型和卖家服务模型区，以及第 4 层的价格模型和商业规则区，最终筛选出 5000 个商品，展现在买家面前。

4.2.1　第 1 层：类目模型和反作弊模型

当买家搜索某个关键词时，系统会根据买家需求，首先进行类目的匹配，自动匹配最优类目。因此，卖家在上架产品时，一定要选择与关键词契合度最高的类目。下面介绍一种简单的方法查看产品适合的类目。

（1）查看跟自己经营相同产品的卖家是如何设置销量最高的产品的类目的。例如，搜索"牙膏"，可以看到排在第 1 位的是一个 C 店产品，如图 4-7 所示。

图4-7　搜索关键词"牙膏"的结果

（2）将第1名的商品链接复制到淘宝天猫类目查询工具的"宝贝查询"文本框中，即可找到与之匹配的类目，如图4-8所示。

图4-8　查找商品类目

公平公正、反不正当手段是淘宝官方一直提倡的原则，因此反作弊模型放在了第1层。图4-9所示为淘宝集中处罚的八大降权行为。如果想让商品正常上架销售，获得更多权重，建议卖家认真检查一下自己的产品是否存在这些问题，如果有就需要及时修正。

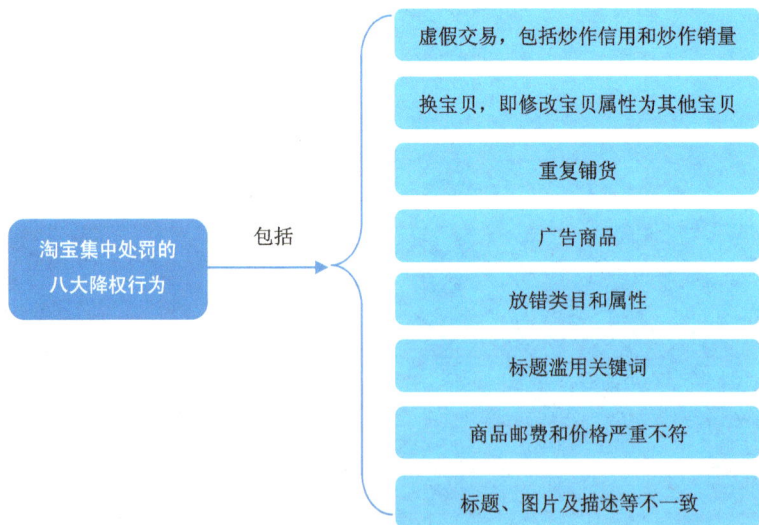

图4-9　淘宝集中处罚的八大降权行为

4.2.2 第 2 层：文本模型和时间模型

文本模型主要是指卖家的商品标题和买家搜索时输入的关键词的相关性匹配，也就是 SEO 优化。因此，卖家在设置商品的标题属性时，应尽量使用那些流量高的关键词。流量一般的关键词则可以替换成更好的关键词，流量低以及没有流量的关键词可以删除。

除了反作弊模型外，时间模型也是"公平公正"原则的典型代表。时间模型的主要排序方式为：以商品上架周期为基准，越靠近下架时间，商品权重就会越大，展示位置也越靠前，从而获取流量的机会也会越多。

因此，卖家要把有限的资源位置、有限的时间分配给有限的宝贝，做好店铺的整体上下架规划，全面覆盖各个时间点，让效益最大化。卖家可以通过生意参谋中的访客分析功能，找到访客最集中的时间段来规划商品的上下架时间，尽量让商品在流量高峰期获得更多展示机会，如图 4-10 所示。

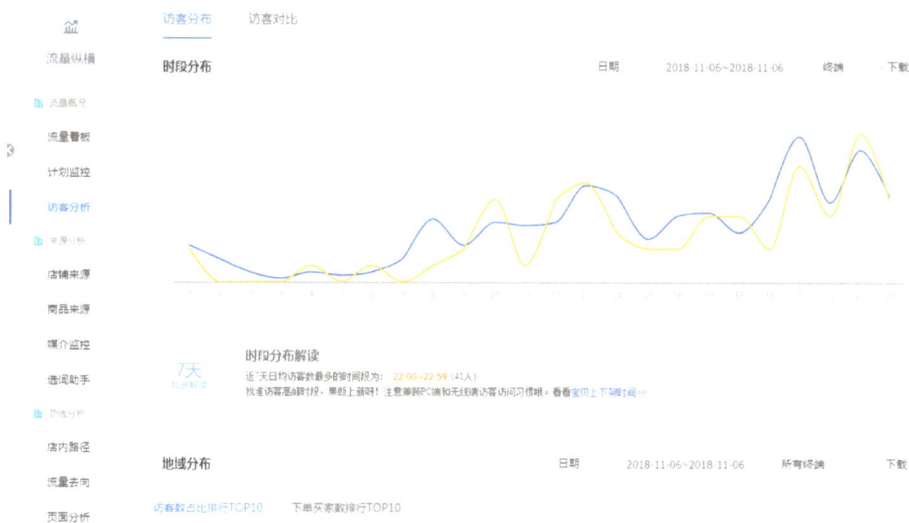

图4-10 生意参谋中的访客分析功能

4.2.3 第 3 层：人气权重模型

人气权重模型和卖家服务模型是两个比较重要的权重模型，因此分开来进行重点介绍。人气主要是指店铺或商品受欢迎程度的高低，影响人气排名的核心指标包括：销量、转化率、橱窗推荐、退货率、好评率、跳失率、停留时间、收藏量、加购率。

其中，销量和转化率对人气权重模型的影响最大，而且这两个指标还会相互影响。对于商品来说，转化率不能低于同类需求的占比（同类目和同阶层产品之间的对比），占比越高，说明商品越优质，获得的流量就越高，如图4-11所示。

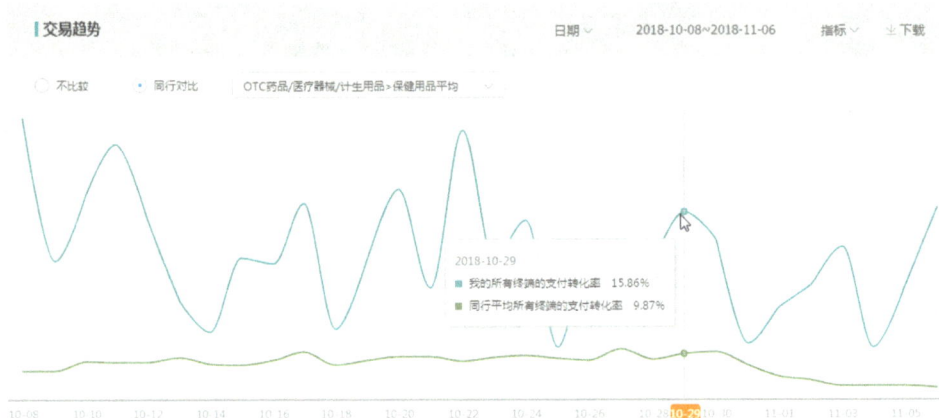

图4-11 转化率交易趋势与同行的对比

另外，在手淘无线端，其基础搜索模型就是人气权重。因此当商品人气排名在PC端比较高时，无线端同样可以取得很好的排名。需要注意的是，新品的人气权重比较高，可以很容易获得好的排名。但如果卖家不把握好商品的CTR（Click Through Rate，点击通过率）和转化率，好排名也会很快掉下去，而且很难再涨上来。

4.2.4 第3层：卖家服务模型

卖家服务模型就是通过旺旺在线时长、询单转化率、支付宝使用率、动态评分、全店退货率、纠纷售后、好评率、发货速度、金牌卖家、公益宝贝、运费险、退货速度等多项核心因素，来判断卖家的优劣。卖家服务模型可以体现卖家的综合服务能力，同时淘宝会给那些服务质量高的卖家提供更多的流量。

下面重点介绍退款、投诉、退货以及客服质量等因素对卖家服务模型的影响。

（1）退款：包括退款率、退款纠纷率、退款速度以及退款完结率等几个指标，如图4-12所示。当买家申请退款时，卖家一定要及时处理，和买家取得联系，商讨最合理的解决方案，千万不要拖，越拖对店铺的影响就越大。

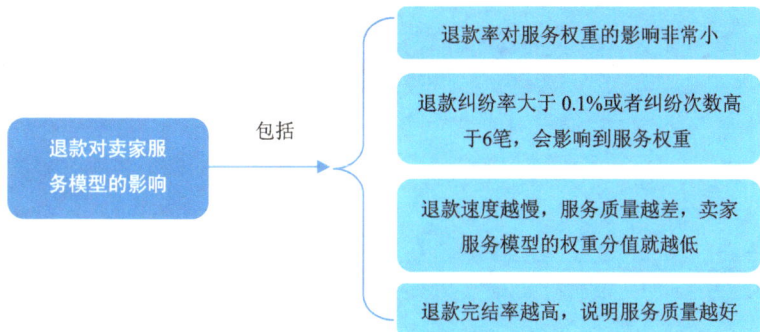

图4-12　退款对卖家服务模型的影响

（2）投诉：包括投诉率和投诉完结率两个因素，卖家必须合理地降低店铺投诉率，同时快速处理好投诉。

（3）退货：当买家发出退货申请时，卖家一定要及时与其沟通，尽可能让买家选择"与卖家协商一致"的退货原因，其他的退货原因都会对权重产生影响。

（4）客服质量：主要包括旺旺响应率、旺旺响应速度、询盘转化率 3 个因素，具体如图 4-13 所示。注意，旺旺响应速度不是指首次响应速度，而是指平均响应速度。卖家必须通过有效的客服沟通，让"顾客"变为"客户"。

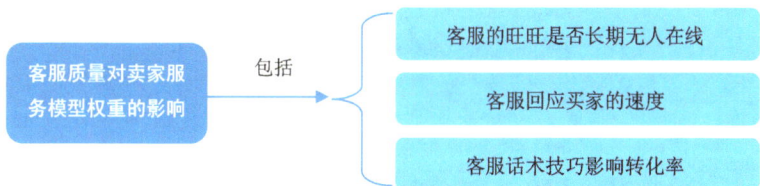

图4-13　客服质量对卖家服务模型权重的影响

4.2.5　第 4 层：商业规则和价格模型

商业规则主要是商家支持的一系列消费承诺保障，如消保服务、正品保证、7 天无理由退换、公益宝贝、极速退款、退运险等，这些都可以完善和提升店铺的服务，如图 4-14 所示。

除了公平公正外，淘宝还有一个原则，那就是满足各种消费者的大部分个性化需求，让消费者能够买到称心如意的商品。价格模型的出现，就是通过分析买家能够接受的价格区间来优先展示对应的商品。

卖家可以通过搜索关键词，看到系统总结出来的不同关键词的价格区间。

图4-14 消费承诺保障

例如，搜索"连衣裙"这个关键词，可以看到占比最多的价格区间是"56%用户喜欢的价位""120-360"，如图4-15所示。卖家可以结合商品的成本和主要关键词占比最高的价格区间来设定和优化商品的价格。

图4-15 查看关键词的价格区间

4.3 有效提高权重的基本方法

店铺权重的高低意味着店铺流量池的大小，而流量又决定着店铺的访客数量，有访客才能产生交易，由此可见权重非常重要。因此，卖家在经营淘宝天猫店铺时，都应该运用一些增加权重的方法，让商品和店铺获得更好的排名。

4.3.1 利用好各种无线端加权项目

无线端的搜索权重非常个性化，用不同的手机搜索同一个关键词，得到的结果也是因人而异的，因为淘宝会对不同的人群标签进行分类。

　　无线端的流量比 PC 端高得多，无线端和 PC 端最大的不同之处在于：无线端屏幕更小，信息更集中。所以，卖家一定要先把商品主图做好，无线端的前几张主图就决定了买家会不会继续看下去。其次详情页要有足够的吸引力，让买家一眼就能看到这个宝贝，一眼就能记住。最后文案要精简，让人一目了然，记忆深刻，如图 4-16 所示。

图4-16　无线端的主图和详情页示例

　　无线端的排名也很简单，就是 PC 端权重排序的一个嫁接，同时加入了一些无线端加权项目，如手机端宝贝描述、淘金币、标题关键词、手机端搜索成交转化率、手机端成交量、手机端广告投放量、手机端广告投放的转化比、产品的折扣、产品的价格区间以及宝贝的卡位时间等。

　　另外，笔者也对此提出了自己的观点：

　　无线端总权重＝ PC 端权重加权＋无线端生成权重＋无线端加分权重。

　　（1）PC 端权重加权：卖家的单品在 PC 端权重高，则在无线端权重自然也高，这个是可以肯定的。但是，为什么有些宝贝在 PC 端权重非常高，基本上排名都在首页，并且很稳定，但是在无线端却没有排名呢？这就是加权的原因。PC 端权重并不是直接嫁接过来了，而是打个折扣，进行加权计算。举例说明，PC 端权重是 100 分，打 5 折之后是 50 分，那么无线端总权重就 +50 分。（备注：具体加权比例属于机密，淘宝不可能透露具体数据，根据笔者经验判断应该在 30% ～ 50%。）

（2）无线端生成权重：主要是消费者通过无线端浏览、收藏、加购、购买、评价等产生的权重值。

（3）无线端加分权重：专门针对无线端的一些加分项目，主要包括无线端详情页、手机专享价和无线端广告投放这 3 项。

4.3.2 抢占手淘"猜你喜欢"入口

关于手淘的引流，很多商家处于一种比较迷茫的状态。早在 2015 年 6 月，手淘的流量就已经占比 70% 以上了，如今至少达到 80%，很多店铺甚至达到 90% 以上。在无线端，"猜你喜欢"这个模块非常重要，不仅引流效果很好，而且转化率也很高。"猜你喜欢"是根据消费者的浏览、收藏、购物车和下单购买等人气权重模型来生成的商品列表，非常符合消费者目前的购物需求，是他们当下最想买的东西，如图 4-17 所示。如果商家能够抓住"猜你喜欢"模块，流量将会瞬间暴涨。

图4-17　无线端首页的"猜你喜欢"模块和购物车下方的"你可能还喜欢"模块

"猜你喜欢"分为 3 个板块，包括手淘买手圈、店铺推荐和单品推荐，它们都属于推荐系统。生意参谋中的流量来源统计名称包括：淘内免费其他（部分猜你喜欢流量）、手淘买手圈、手淘首页（部分猜你喜欢流量）。

了解了"猜你喜欢"模块的基础知识以后，下面再来介绍"猜你喜欢"（推荐系统）的原理。其实，手淘除了搜索、活动、广告之外，绝大部分流量原理都和推荐系统相同，只是推荐的逻辑不同，所以只要卖家深入了解推荐系统就可以清楚“猜你喜欢”的规则。手淘的推荐系统推荐的范围是在用户产生购买需求、从进入手淘首页开始到购买后，在整个的购物过程中，都会植入不同目的的推荐产品。“猜你喜欢”的主要目的就是引导用户选择合适的产品并促成成交，属于点击引导的方式。

其他还有收藏页面的推荐、购物车页面的推荐，甚至是评价页面的推荐。推荐的入口和产品无处不在，但是目的不同。所有入口的推荐目的都可以分成 3 类：推荐引导点击、推荐引导成交、推荐引导黏性。

但是，每个入口的权重目的不同，“猜你喜欢”推荐要实现的首先是让用户点击。用户点击效果好，说明推荐的数据好；如果用户点击效果不好，推荐系统就会重新进行计算，重新推荐，直到推荐的数据越来越好。也就是说，推荐的效果会越来越好，流量越来越精准。这也是为什么阿里要一直想把搜索的推荐即“千人千面”坚持下去，因为只有这样，流量的利用价值才会越来越高。

系统推荐的好处如下。

- 对于用户来说，消费体验更好，推荐给他的产品都是他喜欢的产品。
- 对于商家来说，进来的流量越来越精准，转化率越来越高。卖家可以查看自己的无线端流量来源，将“淘内免费其他”和手淘首页的转化率与搜索转化率进行比较，如果相差不大，则说明你的产品流量人群标签是正常的，如图 4-18 所示。

商品流量来源去向　　日期　2018-11-06~2018-11-06　下载

来源	流量相关					引导转化							
	访客数	浏览量	浏览量占比	店内跳转人数	跳出本店人数	收藏人数	加购人数	下单买家数	下单转化率	支付件数	支付买家数	支付转化率	操作
直通车	34	66	60.55%	8	34	1	3	1	2.94%	1	1	2.94%	趋势 详情
手淘搜索	6	8	7.34%	2	5	0	1	1	16.67%	2	1	16.67%	趋势 详情
淘内免费其他	5	7	6.42%	1	5	0	0	3	60.00%	9	3	60.00%	趋势 详情
我的淘宝	3	9	8.26%	1	3	0	1	1	33.33%	3	1	33.33%	趋势
购物车	3	3	2.75%	0	3	2	0	0	0.00%	0	0	0.00%	趋势
手淘问大家	1	10	9.17%	1	1	0	1	0	0.00%	0	0	0.00%	趋势
淘宝客	1	1	0.92%	0	1	0	0	1	100.00%	3	1	100.00%	趋势
手淘其他店铺...	1	4	3.67%	0	1	0	0	0	0.00%	0	0	0.00%	趋势 详情
猫客搜索	1	1	0.92%	0	1	0	0	0	0.00%	0	0	0.00%	趋势 详情

图4-18　对比无线端的搜索转化率

● 对于平台来说，更合理的流量分配，可以构建整体的良性循环。

"猜你喜欢"模块的推荐原则为：用户 A 通过不同渠道浏览了 a 宝贝，系统在"猜你喜欢"的入口推荐的绝大部分都是和 a 宝贝相关的 b 宝贝。

这和现阶段搜索的"千人千面"特点不同，搜索的推荐原则是：用户 A 通过搜索某个关键词，进入 a 宝贝页面；搜索"千人千面"推荐给用户 A 的产品是 a 宝贝或 a 宝贝店铺内的其他相关宝贝。

了解了推荐原理后，很多人也许会问：如何让我的产品出现在"猜你喜欢"的入口？要想展示在"猜你喜欢"的入口，必须要增强产品的推荐竞争力，只有产品竞争力够大，被系统推荐的概率才会更高。核心思路是"明确竞争环境"，就是卖家要知道是谁在和你竞争。这和搜索是一样的道理，想获得搜索排名，必须了解竞争环境，才能知道你要满足什么条件才能排名靠前。

下面是利用"猜你喜欢"模块引流的操作方法。

（1）搜索要推广商品的类目主词，找到 3 个或者更多同行店铺的商品，短时间浏览，同时收藏宝贝并大量加入购物车。

（2）搜索自己的核心关键词，找到自己的店铺商品，并深度浏览、收藏宝贝以及添加购物车。注意，在浏览过程中，不要放过任何内容，如主图和详情页的图片还需要放大浏览，评价也需要看一遍。

（3）打开收藏夹，将前面收藏过的同行商品再稍微看一下。

（4）在手淘首页的"猜你喜欢"模块中找同行宝贝，如果发现你自己的产品就马上下单，没有的话就再进入你的店铺浏览。如果没有自己的宝贝则重复前面的操作。

（5）如果做完前面所有的工作，你的商品还是不能进入"猜你喜欢"模块，此时可以重新登录淘宝，搜索链接核心词，并重复不断地深入浏览自己的商品。

4.3.3　巧用下架时间提高排名权重

很多卖家都想要获取更多的免费流量，这里介绍一个简单的方法，那就是处理好关键词权重和宝贝下架时间，巧用下架时间获取排名权重。

下架时间的原理前面已经提到过很多次，就是越靠近下架时间，产品的下架权重越大，产品排名越靠前。关键词搜索出来的宝贝数越多，受下架时间影响越大，反之则越小，如图 4-19 所示。

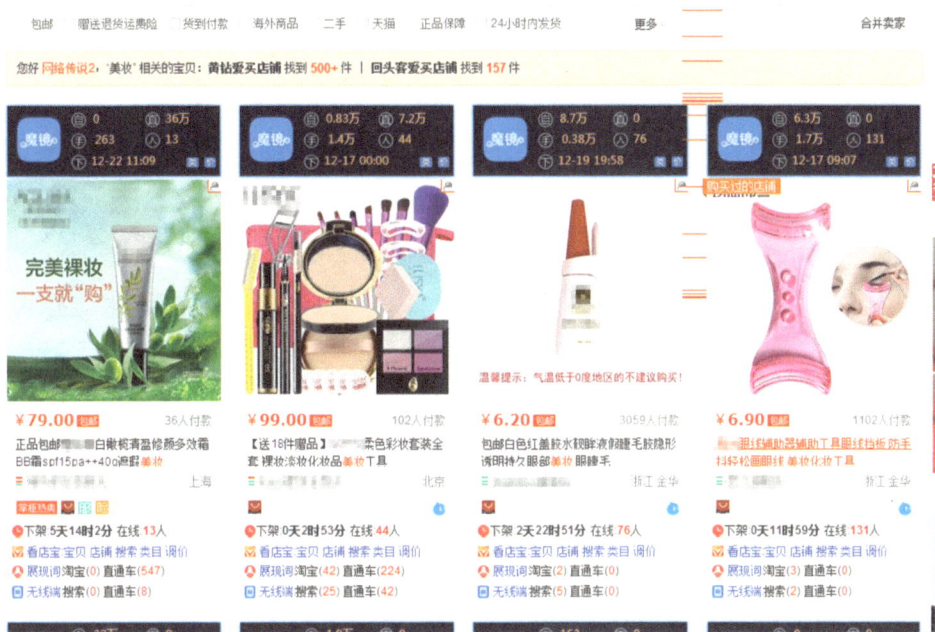

图4-19　查看关键词搜索权重和下架时间

下架时间可以理解为一个加权项，关键词对应的宝贝数越多，下架时间权重越大。为了快速上首页，卖家则需要选择下架权重高的关键词。

关键词对应的宝贝数越少，受下架时间的影响就越小，排名就只受关键词对应的权重影响；同一个关键词下，临近下架的宝贝越多，这个词和下架时间的紧密度越高，权重就越高。

那么，如何判断一个关键词受下架时间影响的大小呢？

卖家可以去淘宝搜对应的关键词，分析首页的下架时间。如果首页的产品多半是临近下架的产品，如几分钟、几小时，那么说明关键词的下架权重高，如图 4-20 所示。

如果首页的产品多半的下架时间是 4 天、5 天、6 天，说明其下架权重低，如图 4-21 所示。宝贝排名的原理就在于关键词对应的产品权重＋下架时间，如果关键词下架权重高，那么宝贝只需要很少权重就能获得很好的排名。为什么有经验的老卖家都是说 7 天、14 天上首页呢？因为刚好到下架时间，排名才能靠前。所以卖家一定要做好定时上下架。

图4-20 分析首页的下架时间

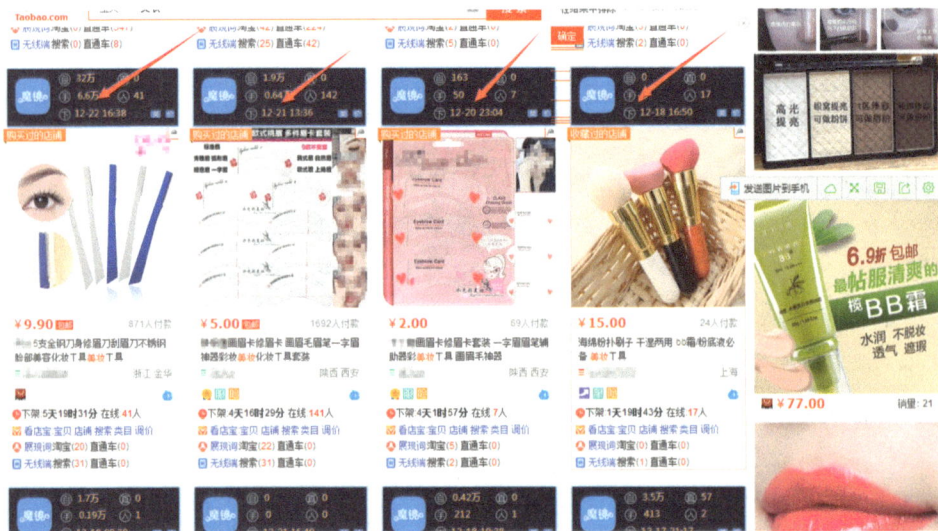

图4-21 下架时间长，则说明这些商品受下架权重的影响比较小

卖家在商品快下架时，应该选择那些下架权重高的词。关键词一定要精准，要具体到某一种人群。例如，"羽绒服"和"羽绒服女"这两个关键词，其中"羽绒服女"就是一个更精准的词，这些只需基础常识就可以判断。

另外，卖家还需要进行竞争度分析。所谓的竞争度就是供需关系，关键词的搜索量代表的是消费者的需求量，关键词搜索结果对应的当天宝贝数代表的是供应量。竞争度分析就是选择一个供需平衡、需大于供或供需关系竞争不是很激烈的词。

4.3.4　提升店铺的 DSR 动态评分

　　DSR 动态评分是最能体现卖家服务质量的因素，动态评分出现绿色会严重影响综合排名。卖家可以在生意参谋的物流服务质量评价中，查看评价的走势情况，如图 4-22 所示。如果物流动态评分出现了下滑，就要及时地去提高发货速度。

图4-22　查看物流服务质量评价情况

　　例如，某天猫店铺在"双 11 大促"期间，因为销量猛增而服务质量下降导致 DSR 变绿，本来应该上涨的流量反而变低了。因为"双 11"的销量在天猫店铺的评比中相当于自然搜索销量的 20%，所以"双 11"的销量是有权重的（相对天猫来说）。但在这种情况下，销量的权重增长远远没有 DSR 降低的权重高。所以卖家应珍惜每一个客户，用心做好客户体验，这也是淘宝提倡的理念。

4.3.5　用"7 天螺旋"提高宝贝排名权重

　　淘宝店铺所有宝贝都会有一个 7 天有效期，也就是说每一个宝贝 7 天之后都会自动下架，也会自动上架。"7 天螺旋"正是利用这 7 天有效期并加上一定的操作方法，来提高宝贝的排名权重。

　　"7 天螺旋"的主要原理为：商品上架后，随着销量的增加，权重也会慢慢提升，当该商品的流量和销量超过一定的预期，系统就会判断这个商品为优质商品，从而提升商品的排名权重；相反，如果数据达不到一定的预期，系统则会判断该商品为劣质商品，会降低其排名权重。

　　下面介绍"7 天螺旋"的具体操作方法。

（1）上架第1天：商品上架后注意一定要让销量马上破零，最好是自然搜索流量产生的销量，如果没有也可以给老客户优惠，刺激他们下单。同时，将商品的自然流量控制在20～50之间，如果超过50的话则最好再加两单。

（2）上架第2天：将商品流量控制在40～80之间，同时加两单销量。注意观察同类商品的平均转化率，稍微超过一些就行，千万不要高得太离谱。

（3）上架第3天和第4天：第3天给商品增加3单销量，第4天给商品增加4单销量，同时让流量保持在比行业平均值多一点即可。如果商品流量达不到，可以利用直通车等工具来辅助引流。

（4）上架第5天后：从第5天开始，成交量要开始加速，将商品销量提升到每天6单；第6天将商品销量提升到每天8单；第7天将商品销量提升到每天11单。

（5）重复操作：做完上面的工作，即可完成第1个"7天螺旋"。接下来继续操作第2个"7天螺旋"，重点是在第1个"7天螺旋"的基础上每天增加1～2单的销量。然后用同样的方法操作第3个"7天螺旋"。经过3轮"7天螺旋"的操作后，一般蓝海类目的商品都能轻松上到首页了，但竞争比较激烈的商品则会困难一些。

另外，在运用"7天螺旋"提高宝贝排名权重时，卖家还需要注意以下事项，不然很容易前功尽弃，或者会事倍功半，如图4-23所示。

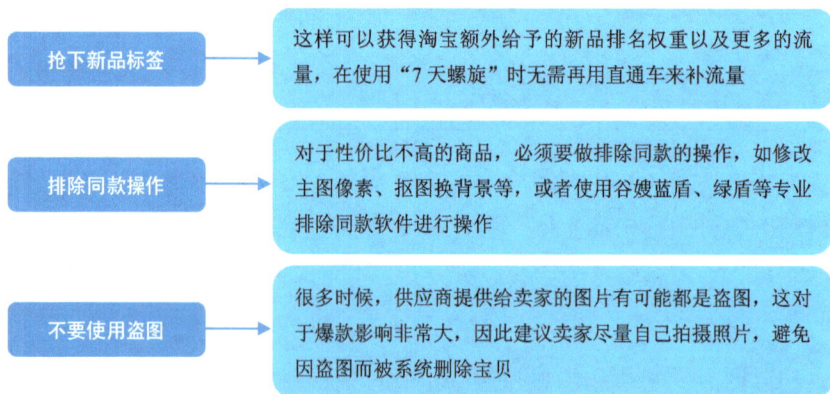

图4-23 "7天螺旋"的注意事项

▶**专家提醒**

性价比不高的产品,即使能排到首页,买家也可能会通过找同款的方式绕过你的产品,选择其他性价比更高的产品,如图 4-24 所示。这样一来,不仅会降低你产品的权重,而且会严重影响销量。当然,很多做得好的店铺都进行了排除同款操作,使买家只能看到同店铺内的其他商品,实现更好的关联营销,如图 4-25 所示。

图4-24　有同款的商品

图4-25　没有同款的商品

4.3.6　利用科学数据诊断店铺隐形降权

如果你的淘宝天猫店铺被隐形降权了,首先要知道自己店铺的现状和店铺流量结构。如果卖家都不知道自己的店铺是付费流量掉了还是免费流量掉了、是站外还是站内的流量掉了,突然说店铺被隐形降权了,则很难搞清楚问题出在哪里。

隐形降权的问题比较复杂,原因非常多,有可能是流量掉了、订单少了、咨询没了、点击率少了、展现少了、快下架的宝贝流量上升起伏问题等。下面介绍诊断店铺宝贝隐形降权问题的方法以及如何进行优化操作,帮助卖家发现店铺中存在的问题,给出一些思路去正确判断店铺宝贝是否被隐形降权。

店铺流量结构主要分为免费流量和付费流量两大块。免费流量包括淘宝搜索自然流量、购物车收藏、店铺搜索等,是不需要花钱的流量;付费流量包括直通车、钻展、淘宝客、活动等,这些都是要用钱买的流量。

如图 4-26 所示,卖家可以使用直通车来分析自己的店铺流量究竟是哪里减

淘宝天猫店铺运营实战：
搜索优化、视觉设计、营销推广与爆款打造

少了、哪个部分的占比少了。

图4-26 分析店铺流量结构

诊断店铺隐形降权的正确分析思路如下。

（1）先分析端口数据，查看是 PC 端还是无线端的权重出现问题。

（2）分析店铺哪些单品掉的流量比较多，单品是付费流量少了还是免费流量少了，是否是一个引流款单品的流量掉了。例如，若是直通车流量掉了，分析是什么因素导致的，可能是直通车账号余额不足了，这是很直接的一个因素；可能是关键词 PPC 价格涨高了，出价低没有抢到排名而导致流量下降了，这也是一个因素。

（3）可以看关键词入口数据分析搜索流量，是不是整体关键词搜索流量下降，或者某些个大流量词排名靠后了。

当然，这些只是简单的分析思路，卖家还需要排除一些标题关键词堆砌、滥用关键词、"牛皮癣"主图等那些违规操作造成的隐形降权行为。

隐形降权正确的处理方式：如果是付费流量掉了，可以针对对应的问题去解决；如果是点击率低，则重点是围绕点击率去操作，主图不行就优化主图，或开通高点击率的地域，做定向营销等，都可以提高点击率；如果是转化率掉了，可以检查店铺的物流服务、用户评价等是不是出了问题。

第 5 章

**标题优化：
迅速提高商品搜索排名**

　　淘宝是目前产品品类最丰富的电商平台，卖家要让自己的产品在海量的同品类产品中被买家快速找到，搜索引擎和权重非常重要，而标题又是搜索引擎找到你的产品的首要条件。淘宝标题优化的好处是提高搜索排名，让宝贝充分展示在买家眼前，从而获得大量的稳定流量。

5.1 标题优化的作用和关键词分类

很多新手卖家会觉得宝贝标题优化非常难上手。其实标题优化是最简单最基础的操作，卖家只需要掌握 一些基本方法，再稍加练习，即可非常熟练地做标题优化的全部操作了。本节主要介绍标题优化的作用和分类，帮助卖家打好基础。

5.1.1 标题优化的作用和目的

淘宝宝贝标题由 30 个汉字或 60 个字符构成。

（1）标题优化的作用：让买家能搜索到、能点击，最终进入店铺产生成交。

（2）标题优化的目的：让产品具有更高的搜索排名，更好的客户体验，更多的免费有效点击量。

每个宝贝标题都只有 30 个字，包括类目词、属性词、热词、引流词、卖点词，卖家要把这些都写进标题中，可见标题是个"寸字寸金"的地方，如图 5-1 所示。

图5-1　商品标题关键词为30个字

▶ 专家提醒

对于自然流量的提升，除了标题优化之外，另外的影响因素就是上下架时间以及主图质量。临近下架时间可以让宝贝在自然搜索中获得相对靠前的排名，如果配合一个高质量的主图的话，点击量就会有大幅提升。

5.1.2　标题关键词的基本分类

标题关键词的基本分类如下。

（1）顶级关键词（类目关键词）：一般由两三个字组成，如男装、西服、羽绒服、女包、夹克、连衣裙、玻璃杯等。顶级关键词的主要优势是搜索量非常大，而劣势则是竞争大，新宝贝很难竞争成功。

（2）二级关键词（包含类目关键词）：通常由四五个字组成，如新款女装、短袖 T 恤、碎花连衣裙、喝水玻璃杯等。二级关键词的主要优势是搜索量比较大，而劣势也是竞争比较激烈。

（3）长尾关键词（包含二级关键词）：通常由 5 个字以上或多个词组成，如：新款修身羽绒服、格子长袖衬衫、便携喝水杯子等。长尾关键词的主要优势是精准度高、竞争度不大，而劣势则是搜索量比较小。

（4）意向关键词：具体的关键字，如品牌名（顾客的目的性选择）等。

（5）属性关键词：表达商品分类、名称、型号、功能、特性的关键词。

（6）商业关键词：表达卖家经营手段或者促销行为的词语，如包邮等。

（7）价值关键词：表示商品给买家带来的价值的关键词。

5.2 标题的选词和编写方法

店铺或商品想要有流量，先得有曝光，即标题关键词要有权重。要做到这一点，商家必须在选词和编写方法上下一番苦功夫。

5.2.1　标题的选词入口和编写

宝贝标题是体现商品品牌、属性、品名和规格等信息的文字。商家在做标题优化的时候，首要工作就是"找词"，即找各种热门关键词，将商品的款式、属性、价格以及卖点等这些做标题要用到的关键词都记下来。

标题的基本编写公式为：标题 = 商品价值关键词 + 商品商业关键词 + 商品属性关键词。

标题关键词的选词入口包括：淘宝搜索输入框、淘宝 TOP 排行榜、淘宝排行榜、阿里指数、直通车、生意参谋。图 5-2 所示为手淘搜索框下方的热搜词。

图5-2 手淘搜索框下方的热搜词

当我们搜集到很多标题关键词后,会发现有些词不一定适合商品使用,那么就需要进行筛选工作,可以重点考察关键词的转化率、商品数量、商品的销量以及对应的人群等维度。例如,在淘宝排行榜里面,每一个关键词对应的关注指数都不同,有些词看似与你的产品相关,但有可能其转化率非常低,甚至可能为零。这种关键词就没有什么用处,等于"垃圾词",卖家可以把它在标题中删掉。

接下来,就看你主要是做 PC 端还是无线端。在不同的终端搜索同样的关键词,其下拉词是不同的,而且无线端的关键词会更加精准一些,如图 5-3 所示。卖家应尽可能将无线端放在首位。卖家可以分析无线端的消费者的搜索习惯来搭配组合自己的核心关键词。

图5-3 PC端和无线端的下拉词

然后将系统的核心词找出来,可以通过官方数据工具来寻找系统给出的核心词,主要是系统中的飙升词,一定要放到标题中去。另外,商家还可以拓展更多的找词渠道。如 PC 端搜索关键词后,可以在结果页面看到一个"您是不是想找"模块;无线端在搜索结果页面中不断下拉,中间也会出现很多搜索热词,这些词都是非常重要的,如图 5-4 所示。

图5-4 更多的找词渠道

标题编写的具体操作如下。

（1）多找一些同类型的商品标题复制过来，然后再根据自己的产品特点去淘宝指数里搜索关键词的热度，并根据搜索的热词来制作组合标题。例如，"2018 新款春装女装韩版毛衣外套外搭"这个关键词，确定主词"外套"、属性词"韩版"等，然后查看关键词是否有堆砌，有的话就去掉多余的词，如图 5-5 所示。

2018新款春装女装韩版毛衣外套外搭

图5-5 查看宝贝标题的关键词是否有堆砌

（2）测试一下这个标题，具体方法为：将标题复制到天猫搜索栏中，然后在后面加上 6 个 0，搜索结果如图 5-6 所示。在搜索结果中查看找到的词，看这些词是不是你需要的词，如果是，则说明你的标题优化非常成功；如果不是，则可以改变标题关键词顺序或者添加关键词等，直到能搜索出你的核心关键词为止。这样做的主要目的就是让消费者能够搜到你的关键词。

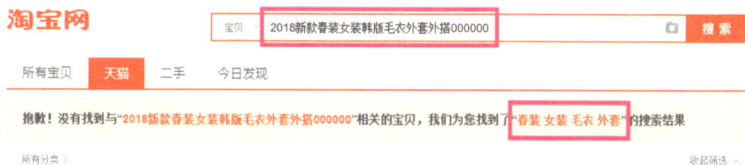

图5-6 测试标题

图5-7 标题优化工具

（3）通过订购一些标题优化工具来检查标题是否能得高分，并自动对标题进行优化，如图 5-7 所示。

5.2.2 标题的取舍与注意点

宝贝标题关键词的基本取舍原则和注意事项如下。

● 目标关键词必须是和宝贝名称不冲突的关键词。

● 备选关键词尽量用搜索结果 TOP 排行榜中的词。

● 如果某个关键词转化率很高，流量也高，那标题中的这个关键词需要保证与标题紧密连接（搜索中紧密连接权重要高于分散关键词）。

● 搜索关键词与成交关键词的区别：搜索关键词就是能带来大量点击流量的关键词，成交关键词就是导向最终成交下订单的关键词。

● "凤尾"关键词虽然搜索量很大，但是竞争很激烈，带来的流量和销量往往不多；"鸡头"关键词的总搜索量虽然不是很多，但是最终流向产品的流量和销量反而比热门词更多。所以，新卖家以及新上架的宝贝适合使用搜索量大、转化率高（有效关键词）、宝贝少（竞争难度低）的关键词。

● 更有效的关键词组合：通过精简标题来使更多的关键词搜索结果出现自己的产品。

● 写满 30 个关键字，同时关键词不重复。

● 经常优化更新关键字。不管处于什么阶段，商家都要定期进行标题优化，可以按周优化，也可以根据销量阶段来优化。检查标题中的每个分词，如果影响了自然流量和转化的话，要及时进行替换，淘汰不好的词，寻找高效好词。

● 不使用特殊符号，否则使用不当会导致排名靠后甚至降权。

● 不使用敏感词，时时关注淘宝规则，避免被处罚。

● 切忌关键词过分堆砌。

● 不要滥用品牌词与敏感词。

- 标题中斜杠等同于空格, 应合理使用空格。
- 尽量使用长尾词, 这对于中小卖家尤为适用。如冬季棉服, 它的长尾词可以是 "韩版带帽棉衣"。而且同一个关键词, 不同卖家的展示情况是不同的, 影响的因素比较多, 复制别人标题的做法不可取。
- 根据买家搜索的关键词去匹配买家想买的产品, 把商品展示给买家, 做到优化匹配原则 (最优匹配模型: 关键词与类目属性匹配)。

▶ 专 家 提 醒

小类目一般面临的问题就是流量低, 但是值得欣慰的是利润高, 基本稳赚不赔。因为是小类目, 大多数产品跟换季扯不上关系。而当流量不足的时候, 卖家首先要研究行业整体, 分析整个行业的搜索流量情况。在淘宝指数里输入关键词进行搜索, 再根据人群定位研究各年龄段顾客的喜好度, 为定向推广打下基础。大类目主要是服装、鞋子之类的热门行业, 门槛低、需求多、货源多, 但同时竞争也大。

5.2.3 搜索标题结果的排名规律

进行关键词搜索之后, 会列出许多与关键词相关的宝贝。这些宝贝排列顺序的规律如下。

(1) 综合的规律: 在 "所有宝贝" 搜索结果中, 影响宝贝排名的关键因素有两个, 分别是 "剩余时间" 和 "宝贝综合数据"。宝贝综合数据与售出量、浏览量、价格、卖家好评率、先行赔付、所在地、宝贝页面的排版布局和关键字被搜索的频率、次数有关。如果竞争很大, 剩余时间权重会被严重削弱, 小卖家在这个情况下最为弱势。

(2) 人气搜索的规律: "人气搜索结果" 是综合卖家信用、好评率、累计本期售出量、宝贝销售增长率、30 天售出量、宝贝浏览量、收藏人气等因素来进行对比和排序的。这些因素会随时发生变化。

(3) 顺序无关搜索规律: 搜索时输入两个或以上的关键词, 并用空格或半角符号区分的时候, 宝贝标题只要含有搜索的几个关键词宝贝就可以被搜索到。这就是为什么有的宝贝标题中关键词前后顺序反过来也会被搜索到。例如, 当搜索的关键词为 "短袖衬衫" 的时候, 只要标题中含有 "短袖衬衫" 这 4 个字, 宝贝就能被搜索到, 无需按照搜索时的关键词排列顺序。即 "休闲日韩短袖衬衫" "休闲日韩衬衫男装短袖" "休闲日韩男士短袖 / 格子衬衫" 都可以被搜索到。

需要注意的是，有些卖家喜欢在标题中加特殊的符号，例如"（）/"等，但是加了没用，所以不建议这样做。这个问题其实涉及了一个关键词搜索规律——角字符和空格在搜索结果中会被忽略。例如，宝贝标题上设置"短袖/衬衫"和"短袖（衬衫）"的时候，与设置"短袖衬衫"的效果是一样的。即买家在淘宝搜索"短袖衬衫"，设置了"短袖/衬衫"和"短袖（衬衫）"的宝贝也一样会被搜索到。

宝贝能否被买家搜索到，不但取决于宝贝标题中是否含有搜索的关键字，还取决于关键词的组合搭配是否正确。关键词搭配是否正确可以在淘宝指数、TOP 指数、标题优化等应用中确定。通过综合选择，卖家可以手动做一份 Excel 表格，选择不同层级的关键词并罗列好，对比同行的词、淘宝搜索热词等，确定自己的组合标题。

5.3 标题优化的一些基本方法

优化标题关键词是为了更多的展现和更多的流量。没有展现就没有流量，没有流量就没有买家，没有买家就没有成交转化，卖家还怎么挣钱？很多卖家对标题关键词漠不关心，殊不知标题中的那些关键词都是流量来源的根基。词不对，不合买家胃口，买家怎么会找得到你的宝贝？

5.3.1 优化标题符合展示

标题优化不是一成不变的，得选择适合当前产品及热度的词。打一个形象的比喻，标题优化就像是选鞋子，你只有选对了一双适合自己的鞋子，才能走得比别人更快、更平稳。所以，直白地说，标题优化其实就是根据宝贝当时的权重来选择最适合这款宝贝的关键词，这样就可以得到最高的点击率和转化率。

如果是爆款宝贝，标题优化反而会更容易，你只要尽可能地把买家搜索量较大的关键词按照正常的阅读习惯来组合添加到宝贝的标题里即可，如图 5-8 所示。但如果只是销量很普通的一款宝贝，那么在优化标题的时候，就会比较复杂。这时候你要思考一个很普遍的问题：买家有可能会在哪儿看到你的宝贝呢？

买家搜索的是标题中的热词，如果宝贝接近下架时间，按照下架时间轮播，这样就得到了展现的机会。在这种情形下，在搜索结果的综合排序中，因为同一时间下架的宝贝非常多，所以有可能你的宝贝得到的展现时间非常少。需要注意的是，虽然现在搜索人气排序的买家数量不是很多，但在综合排序里人气分也是占有一定比重的，人气排序可以作为卖家们查看自己宝贝人气分的参考。

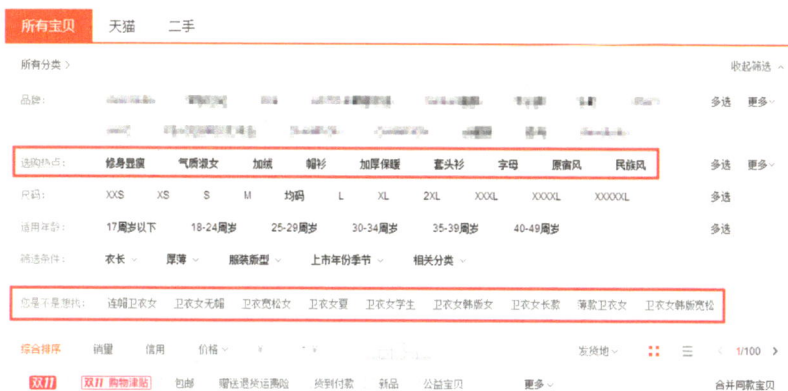

图5-8　查找当前买家搜索量较大的关键词

如果买家搜索的是你标题中的长尾词，因为符合搜索结果的宝贝数量相对较少，而你在这个搜索结果里更加有优势，你就能得到更多的展示。更多的展示意味着店铺能够吸引更多的自然流量，流量多了意味着潜在成交量也会更多。当然，有时流量多了之后没有带来更多的成交量，这时就需要看是哪一块不足，分析数据查看哪块标题可优化（自己建立 Excel 表格分析具体数据）。这样做才是实现卖家的宝贝可以更长时间得到展示的一个途径。

比较有意思的是，很多爆款宝贝几乎都不会去争长尾词的流量，毕竟它们是爆款，无需担心销量。所以，想要给你的宝贝找到一片曙光，首先就是要找到最适合的长尾词去竞争，获取长尾词这块的流量。

当下另一种技术就是做好 SEO（自然搜索），以更少的投入获得更大的回报。当然这个需要一定的基础，包括店铺基础和运营基础。标题的好坏是自然流量的一个基础，当然标题需要持续优化，优化的目的是获得更多展现并引入更多的自然流量，不花钱就能带来更多的成交是我们的最终目的。通过图 5-9 所示的这些数据我们可以看出来自然搜索还是主要的流量来源。

假如卖家的宝贝权重非常高，在类目里可以排在前几名，那这个宝贝就是所谓的爆款。此时可以发现一个现象，那就是成交热词完全等于搜索热词或行业热搜词。但是，最重要的一点是，如果你的宝贝不是爆款，权重没那么高，差别就会越来越大。

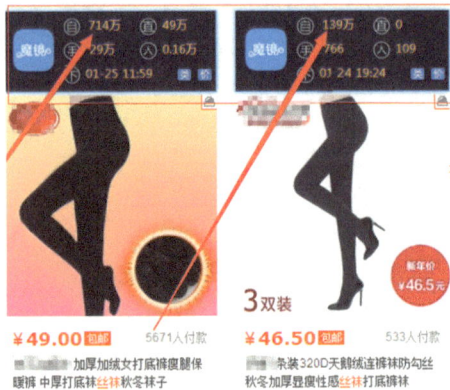

图5-9　自然搜索是大部分店铺的主要流量来源

所以，标题的优化就是从小到大，先让买家能搜到你产品的词，从长尾关键词（搜索人群虽然精准但是人数相对较少）逐步优化到适合自己类目的二级关键词（热词，这时候搜索量变大），再到顶级关键词（热词，这时候产品应该已经变成爆款，你的成交词和行业热搜词基本跟你的关键词相同了）。

5.3.2　优化精准关键词

长尾关键词是否一般都会包含热搜关键词，区别精准关键词和热搜关键词有无意义？淘宝搜索引擎在读取标题的时候有个"最大匹配扫描"的原则，如果买家搜索宝贝时输入的关键词很短，而且也很常见，那么，这个关键词是没有办法再优化的。但如果买家搜索的是一个长尾关键词的话，这时若是你的标题里的长尾关键词和买家搜索的长尾词一致，那么搜索引擎就会默认你标题里的这个长尾关键词是最大匹配的结果，此时宝贝就会得到优先展示。所以，从这个角度来看，卖家能够优化的其实也就只是精准关键词而已。

因此，销量一般的宝贝在优化标题时的思路就应该是这样的：在保证长尾精准关键词可以最大匹配的前提下，尽量覆盖热搜关键词，如图5-10所示。

知道了精准关键词的重要性后，有些卖家就在宝贝标题里添加了很多的长尾关键词。这种情况下，虽然买家在搜这个词的时候你的宝贝的展现量非常好，但是通常只有寥寥几个买家搜这些词，所以展现量一样上不去。因此，卖家在选择长尾关键词的时候，还必须注意下面两点。

● 卖家所设置的精准关键词必须要有一定数量的买家会搜索，这样你的长尾词才能有用，如最近飙升词、热词，可以参考一些软件来查询，例如省油宝、直通车等。精准关键词能自己设置更好，实在不会设置，可以参考相关软件，总比自己乱想要强。

图5-10 覆盖热搜关键词

● 尽量选择与宝贝的成交关键词的成交指数差距小的关键词，这样才能够保证你的宝贝在这个词的结果中点击率最大。可以这样理解：如果你持续观察你的标题，过一段时间后你就会发现，随着你的宝贝的人气升高，买家搜索的热搜关键词和成交关键词会越来越短。这个情况就是在告诉你，你应该再次进行标题优化了。

5.3.3 优化价值关键词

在优化价值关键词之前，卖家需要注意，搜索的宝贝的价值是不完全等于宝贝本身的属性价值的。例如，上聚划算的买家，他的心里知道这里有比较便宜的东西，但是他并不知道里面的宝贝对自己到底有没有用。

举一个简单的例子来说明，榨汁机有关于绿色健康生活的价值体现，也许这就是吸引买家的核心价值。而通过淘宝搜索找宝贝的买家则只搜索了一个关键词，如"榨汁机"。搜索这个词的买家对于绿色健康生活的价值追求是可以基本肯定的。此时，卖家就要找出一个卖点词，并围绕它进行加词。"省油宝"功能里有添加卖点词这一项，操作起来非常方便。

接下来买家要选择的是榨汁机的品牌、质量、是否正品以及售后服务怎样等。所以，简单来说，如果你的宝贝流量来源主要是淘宝搜索的话，那就应该要模拟一下买家的消费心理以及行为，体会一下买家购物时的心理变化，以做出相应的对策，而不是直接就把你所认为的宝贝价值展现给买家。也许买家想要的价值恰恰不是你展现的这个。

上面所说的这个价值关键词的提炼方法只是最基础的。要站在买家的角度去考虑问题，一般有以下 3 个方法。

● 真正地把自己当成买家。

● 选择某个买家去仔细调研。

● 拿出大量的买家数据进行分析。

总之，宝贝想要卖得好，就要有一个好的开端，而一个好的开端是可以自己创造的。没销量的宝贝，起步就输给了人家，也不会得到买家的信任，你也不会有数据用来做分析了。至于基础的销量，卖家可以在不违规的情况下自己创造。

另外，直通车里有关于搜索点击率的数据，卖家可以进行测试，试试在图片相同、文案不同的情况下，或者是图片不同、文案相同的情况下的搜索点击率。通过这个测试卖家可以体会一下买家真实的价值需求，以此来做出正确的应对策略。

5.3.4　优化类目属性融合词

对于类目属性融合词，相信很多卖家很陌生。准确的类目属性融合词有助于宝贝流量的提升，那么如何找到合理的类目属性融合词呢？下面笔者将为你解答。

简单点来说，类目属性融合词就是将类目属性词搜索行为转换成关键词搜索，并取消掉后台的类目投放，进而衍生出来的。当买家点击类目进行搜索时，流量融合统一引至关键词搜索页面。类目属性融合词的匹配方式如图 5-11 所示。在流量转移到对应的类目属性融合词后，类目搜索流量会逐步减少到无。

类目属性搜索行	类目搜索调整之前	类目搜索调整之后
【类目】+【属性】	类目出价	【类目+属性】
【女装】+【连衣裙】	类目出价（女装类目）	【女 连衣裙】
【女装】+【连衣裙】+【纯色】	类目出价（女装类目）	【女 连衣裙 纯色】

图5-11　类目属性融合词的匹配方式

类目属性融合词的运用方法如下。

（1）找词的方法以宝贝的属性为出发点，如尺码、适用季节等，例如加了"8000D""冬季"等具体的产品参数，如图 5-12 所示。

产品参数：

品牌: ███	袜子功能用途: 保暖	面料主材质: 锦纶
尺码: 8000D（240克羊胎绒，适合温8...	图案: 纯色	风格: 性感
适用性别: 女	颜色分类: 假透肉连脚 假透肉踩脚 奢华...	档位款式: 单面加档
上市时间: 2018年冬季	款号: YNS1129	适用季节: 冬季
筒高: 连裤	厚薄: 加厚	销售渠道类型: 纯电商(只在线上销售)
面料材质成分: 聚酯纤维59.9% 聚酰胺...	双数: 1双	

图5-12　宝贝的属性参数

（2）在淘宝类目分类页提取关键词，并进行测试与运用。找到词后，卖家要进行初步的运用，将其添加到宝贝中，做一个初步的测试。

（3）保持关键词的精准性，类目属性融合词要以类目页搜索出来的页面为基准来提取关键词。

（4）注意宝贝属性的侧重，像一些范围较为广泛的词，如"牛皮凉拖"，在类目中的实际排名会比关键词更低，这是淘宝后台根据宝贝属性的侧重而得出的排名。

（5）加词工具，包括系统推荐和关键词查询、流量解析、淘宝搜索下拉框、类目词表等。此外，还需要卖家自己去详细分析自身宝贝属性来添加关键词，补充加词工具遗漏的类目属性融合词。不要漏掉任何一个属性，漏掉一个属性就等于丧失了一部分类目流量。

因为类目属性融合词推出时间不长，可能一些词还未被别人发掘，但精准词带来的流量上升大家都是有目共睹的，所以这将是直通车今后加词的一个重要方向，卖家可以开始尝试加入更多这样的词进行测试。

5.4　标题优化的 6 个细节

卖家在进行标题优化时，还需要注意一些细节，如分析新老数据、选主推关键词、参考行业中成功的标题、关注当天排名、进行数据对比以及监控成交关键词等。

5.4.1　做好新老数据分析

老数据分析可以详细分析宝贝已有关键词，点击率高的重点使用，点击率低的则删除。卖家可以在生意参谋中查看一个星期的数据，如图 5-13 所示。

图5-13　在生意参谋中查看一个星期的数据

新数据分析可以分析当前的行业热词榜和成交指数排行，然后选择最适合宝贝的热词。卖家可以订购生意参谋中的"市场洞察"工具（如图 5-14 所示），在"搜索排行"模块中可以看到行业热词榜的具体数据。

图5-14　"市场洞察"工具

5.4.2　选择主推关键词

卖家可以选择与宝贝权重比较符合的精准长尾关键词作为主推词。使用

"看店宝"工具，可以非常方便地组合出精准长尾关键字词。将要组合的关键词输入各个响应的输入框中，点击"开始组词"按钮，即可生成关键词组合。"看店宝"是卖家宝贝标题优化的必备应用，如图 5-15 所示。

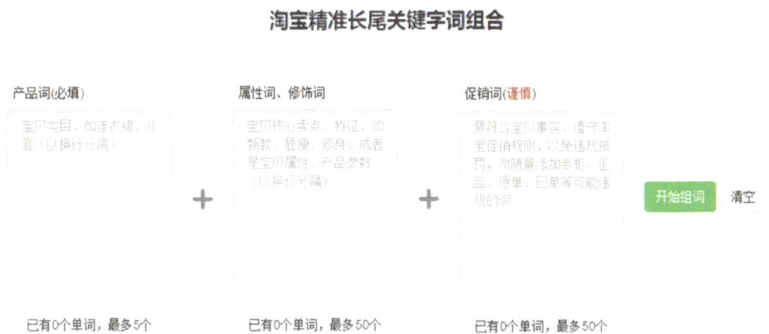

图5-15　"看店宝"工具的精准长尾关键词组合功能

5.4.3　学习行业中的成功标题

卖家可以查看同行中比较成功的标题写法，分析买家的阅读习惯，以此确定自己宝贝的标题写法。卖家可以进入生意参谋首页的"市场行情"板块查看行业热销商品的标题和行业热门搜索词，如图 5-16 所示。

图5-16　"市场行情"板块

5.4.4　查看当天排名效果

卖家把标题优化完几分钟后，就会产生效果。此时应注意查看当日的排名，可以使用"逐鹿工具箱"软件进行查看，如图 5-17 所示。

图5-17　"逐鹿工具箱"软件

5.4.5　进行数据对比验证

将标题优化后的第 2 天或第 *N* 天的数据与前面的数据做对比，进行经验总结，看优化的效果好不好，如图 5-18 所示。

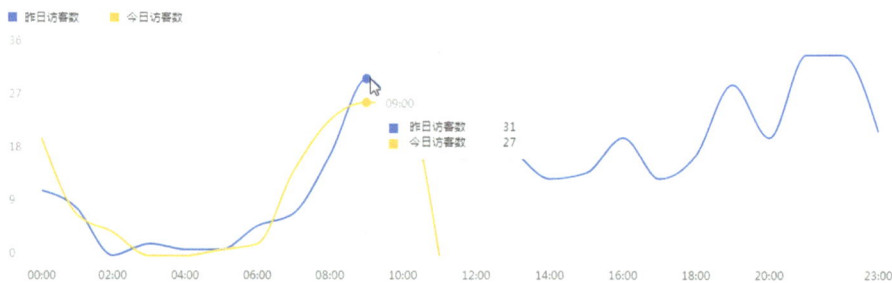

图5-18　进行数据对比

5.4.6　监控成交的关键词

筛选出宝贝的成交关键词，持续监控这些成交关键词，部分趋势较好的可以重点使用，如图 5-19 所示。

看完这些细节，很多卖家可能会感觉很麻烦。只是设置个标题，就有这么多细节，假如都按照这个方式来做的话，那卖家的大部分时间就会都用在优化标题上了。其实，不必每个宝贝都这样去优化标题，卖家可以完整细致地处理 6 个左右宝贝标题，然后就定期地监控成交关键词。而其他宝贝的标

图5-19　监控成交的关键词

题，一般可以选定2个左右长尾精准关键词，然后凭数据和经验一次性设置完成。这样卖家就不用花那么多的时间与精力，得到的效果也不会差多少。

5.5　无线端选词与标题优化技巧

前面介绍了一些 PC 端和无线端通用的标题优化技巧，这里再针对无线端，重点介绍一些选词与标题优化的技巧和玩法。

5.5.1　无线端的选词技巧

宝贝标题优化方法大同小异，标题优化要结合其属性来进行。首先卖家应该选好类目，完善属性。然后在淘宝里面选取热门关键词，通过热门词找到相应的长尾词和相关词，并按照"品牌＋类目＋核心关键词＋功效"的格式（格式仅供参考）组合成宝贝标题。当然，和 PC 端一样，无线端宝贝标题也是支持 60 个字符或 30 个汉字。

随着宝贝销售阶段的变化，卖家在选词上面也要有所变化。初期标题以高转化长尾关键词为主，销售中期以高转化关键词加部分热门词为主，爆款期以热门关键字为主。

确定高转化长尾关键词，可以使用"竞价关键词密探"工具的"长尾关键词挖掘精灵"功能来分析，找到转换率比较高的词，如图 5-20 所示。

图5-20　"长尾关键词挖掘精灵"功能

5.5.2　无线端的标题优化

无线端宝贝标题优化，主要可以从以下 3 个方面进行。

（1）淘宝指数对比。首先是无线端宝贝标题优化的关键词选择，❶在手机客户端首页点击搜索框；❷在其中输入一个热门词，如"登山鞋"，就会出现一些推荐词，如"登山鞋男""登山鞋男鞋秋冬"等，如图 5-21 所示。当然，这些词需要根据宝贝自身销售情况和属性来添加，在不同销售阶段，选词有一定差异。

图5-21　搜索关键词"登山鞋"

（2）点击"搜索"按钮，就会出现"登山鞋"的搜索结果，可以在筛选菜单中看到"品牌""功能""鞋码"等关键词，分别是宝贝的品牌词、功能词和属性词，如图 5-22 所示。在设置宝贝标题的时候，也可以选取合适的词与"登山鞋"组成长尾词，作为宝贝标题的组成部分。

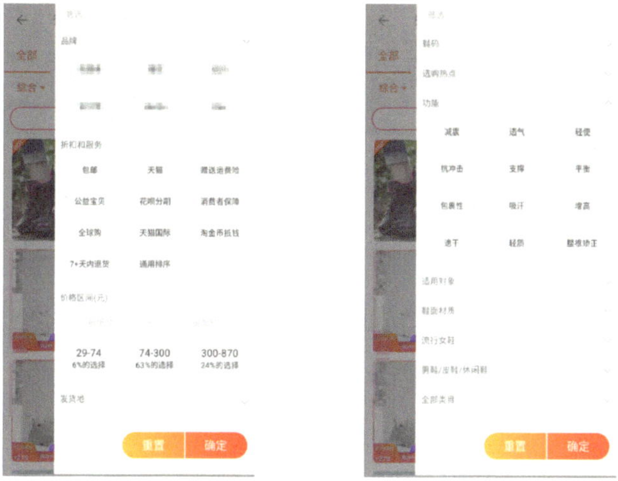

图5-22　查看品牌词、功能词和属性词

（3）在生意参谋中的"流量纵横"专题工具选择"选词助手"，点击"无线"选项，就会出现无线端"全网搜索热度""全网点击率"等相关点击反馈数据。卖家可以从中挑选数据较好的关键词添加到宝贝标题中，如图 5-23 所示。

图5-23　从"选词助手"中挑选数据较好的关键词

5.6 标题的效果诊断分析

随着季节和流行趋势的变化，淘宝的热门关键词也会不断地变化。因此建议卖家每个月至少按淘宝热门搜索词数据来优化宝贝标题关键词一两次，这样才能不断地带来搜索流量。

标题诊断工具非常多，而且不同工具的诊断结果也会有所差别。此时卖家要以宝贝实际的销量为主，这些诊断工具只是起到一个辅助分析的作用，只要宝贝销量好，说明标题就是有效的，我们就尽量不要动标题。

在淘宝"标题优化"工具中诊断标题的步骤如下。

（1）在"普云商品"工具中选择"标题优化"工具进入其界面，标题会得到相应的诊断结果，如图 5-24 所示。

图5-24　"标题优化"界面

（2）选取质量分低的标题，点击右侧"优化标题"按钮，进入标题优化详情页，会出现具体的诊断结果，如图 5-25 所示。

（3）卖家可以按照优化标准的提示对宝贝标题进行修改，下面会有热门词供选择。诊断结果为"优"的标题就可以更新使用了，如果没有达到优则需要继续修改标题。

当然，软件测试标题得分并不一定非常准确，这对新手卖家或者是新添加的宝贝来说比较实用。

列表页 > 标题优化详情页

原标题:
████████ 草本抑菌乳膏10g买2送1买3送3 ██████████ 外用软膏

新标题:
████████ 草本抑菌乳膏10g买2送1买3送 ████████ 用软膏　　30/30　　诊断新标题　　**更新到淘宝**

上一个宝贝

下一个宝贝

诊断结果

差

- ⚠ 含有疑似违禁词"王。"为防止违规，建议删除
- ✓ 不错，标题长度60个字符，易被买家搜到。
- ✓ 不错，标题中未含有特殊符号。
- ⚠ 关键词1买,送,3,牛...重复，频繁使用重复词浪费关键词位，建议优化。
- ⚠ 标题中未含有类目词，类目词属于流量大词，建议添加类目词或类目属性词。

宝贝类目：皮肤消毒护理（消）

| 热门词 ? | 热搜词 ? | 相关词 ? | 类目属性词 ? | 优化记录 ? |

关键词	展现量 ↓↑	点击量 ↓↑	点击转化率 ↓↑	直接成交数 ↓↑	间接成交数 ↓↑	宝贝搜藏数 ↓↑	竞争度 ↓↑	操作

点我升级到高级版 即刻查看直通车官方关键词

图5-25　标题优化详情页

视觉优化篇

第6章

主图优化：
视觉设计提高网店转化

在淘宝上买过东西的人都知道，我们只能通过"视觉效果"去选择产品。因此，商品主图的吸引力大小，很大程度上决定了消费者是否会继续浏览商品，而且主图还会影响商品排名。可见，卖家想做好淘宝，主图的优化是至关重要的。

6.1　主图设计的基本要求

　　图片对于网店运营的重要性是所有卖家都知道的。有些便宜的商品，如果将其堆在街上卖，其实就是一堆待处理的地摊货，但是把这些商品图片美化后放在网上卖，就会让人觉得突然"高大上"了许多。当然，商品质量是核心，不能用价格便宜去欺骗消费者。同时，商品图片的关键不仅仅是美，还要有唯一性，这才是能吸引买家的关键。

　　本节将介绍一些商品主图设计的基本要求，商品主图不仅是装修画面中的一个重要组成部分，而且比文字的表现力更直接、更快捷、更形象、更有效，可以让商品的信息传递更简洁。

6.1.1　紧抓消费者的需求

　　主图首先要紧抓客户需求，切忌一味追求"高大上"、写一些看不懂的外文或符号，你要知道你的目标客户想看什么。例如，如果你的客户定位是中低端消费人群，他们要的就是性价比高的商品；如果你的客户定位是中高端消费人群，则他们要的就是品质与消费体验。

　　店铺之所以无流量，不仅仅是因为卖家的宝贝无展现、无排名。数据证明，很多时候卖家的主图已经被别人看见，但就是无点击而已。所以主图需要主题清晰明确，紧抓消费者的需求，让他们有点击的欲望。同时好的主图也能增加收藏量、加购量和转化率，如图 6-1 所示。

图6-1　紧抓消费者的需求主图设计示例

6.1.2　主图文案的重点要素

在设计主图时，文案决定你的主图是否能让买家有足够的理由点击。切忌把所有卖点都罗列在主图之上，文案唯一的目标是让客户直接点击。

下面是写好一个文案注意的几点。

- 你要写给谁看。
- 他的需求是什么。
- 他的顾虑是什么。
- 你想让他看什么。
- 你想让他做什么。

6.1.3　精炼表达商品优势

精炼表达指卖家不仅要紧抓客户需求，而且要用一种精炼的表达方式，切忌絮絮叨叨、堆砌相关卖点，如图 6-2 所示。

图6-2　精炼表达商品优势的主图设计示例

6.2　主图的素材准备和后期处理

网店的主图设计是网店页面中的"点睛之笔"，商品主图如果设计得漂亮，能够吸引不少流量。本节将分析网店主图设计的一些相关知识。

6.2.1　素材搜集途径与主图展示方式

店铺装修用到的所有图片都要依靠图片素材来完成。因此，卖家需要提前搜集大量的图片素材。这些素材可以在网络上搜集，如在搜狗或者百度中搜索"素材"一词，就会在网页中显示很多素材网站，如图6-3所示。在不涉及版权的情况下，这些素材都可以下载使用。

图6-3　搜索素材

进入百度主页，在搜索框中输入"素材"关键词并按【Enter】键。打开搜索结果中一个提供图片素材的网站，即可看到很多素材图片，如图6-4所示。找到合适的图片保存在本地计算机中，方便设计店铺主图时使用。此外也可以购买一些素材图库。图库越丰富、素材越全面，做设计就越容易。

图6-4　图片素材

好的商品图片在网络营销中起着重要的作用，不但可以增加商品在搜索列表中被发现的概率，而且直接影响到买家的购买决策。那么什么是好的商品图片呢？

好的商品图片应该反映出商品的类别、款式、颜色、材质等基本信息。在此基础上，还要求商品图片拍得清晰、主题突出以及颜色准确，如图6-5所示。

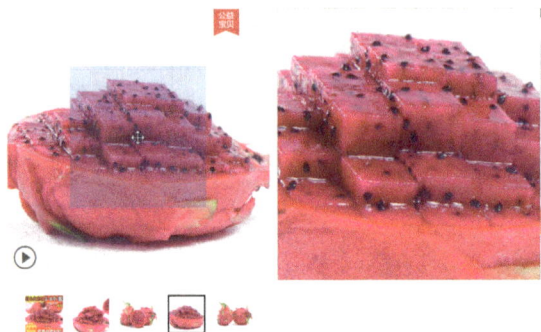

图6-5　好的商品图片

要把一件商品完整地呈现在买家面前，让买家对商品的整体和细节都有一个深层次的了解，激发买家的购买欲望，商品的主图至少要有整体图和细节图，如图6-6所示。

图6-6　整体图和细节图

6.2.2　使用美图秀秀处理宝贝图片

美图秀秀是国内最流行的图片处理软件之一，该软件简单、易用，是摄影作品后期处理、人像照片快速美容、网店微店照片美化必备的图片处理软件。对于那些使用手机开微店和淘宝网店的卖家来说，使用美图秀秀这种较为简单智能的图片修饰软件，可以快速实现很多常用的操作。它能轻松对商品照片进行处理，并且还能做出闪图，以及进行简单的拼图操作。

　　例如，在拍摄网店微店的商品或模特照片时，难免会因为镜头设置问题以及环境的影响而失去原有的色彩平衡，使用美图秀秀可以对照片的色彩以及色调进行调整，如图 6-7 所示。

图6-7　调整照片色温改变色调效果

> ▶ 专家提醒
>
> 　　使用美图秀秀 App 处理商品照片时，用户可以为照片添加精美的边框以及场景效果，从而使照片的内容更加丰富。美图秀秀 App 提供了大量的边框素材模板，用户可以针对不同风格的商品照片进行不同的效果处理。

6.2.3　使用 Photoshop 优化宝贝图片

　　Photoshop 是美国 Adobe 公司开发的优秀图形图像处理软件，它的理论基础是色彩学，通过对图像中各像素的数字描述，实现了对数字图像的精确调控。Photoshop 支持多种图像格式和色彩模式，能同时进行多图层处理，它"无所不能"的选择工具、图层工具和滤镜工具能使用户得到各种手机处理或其他软件无法达到的美妙图像效果。不但如此，Photoshop 还具有开放式结构，能兼容大量的图像输入设备，如扫描仪和数码相机等。

　　Photoshop 作为比较专业的图形设计处理软件，在网店图片处理方面的能力上比起其他的软件处理的效果要更好一些。它不仅可以轻松修复旧损照片，清除照片中的瑕疵，还可以模拟光学滤镜的效果，并且能借助强大的图层与通道功能合成模拟照片，所以 Photoshop 在处理图片的效果上，有"数码暗房"之称。图 6-8 所示为使用 Photoshop 制作的网店图片效果。

图6-8　使用Photoshop制作的网店图片效果

下面以常见的网店抠图为例，介绍 Photoshop 的使用方法。

（1）按【Ctrl + O】组合键，打开商品图像素材，如图 6-9 所示。

（2）选取工具栏中的"魔棒工具"，如图 6-10 所示。

图6-9　打开素材图像

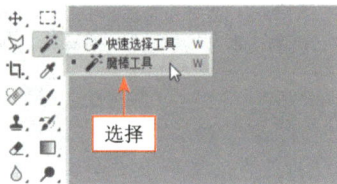

图6-10　选取魔棒工具

（3）在工具属性栏上设置"容差"为 32，在白色背景位置点击鼠标左键，即可创建选区，如图 6-11 所示。

（4）按【Shift + Ctrl + I】组合键反选选区，按【Ctrl + J】组合键复制一个新图层，并且隐藏"背景"图层，即可抠取商品素材图片，效果如图 6-12 所示。

图6-11　创建选区

图6-12　抠取图像

抠图后，可以将该素材与其他背景图片进行合成处理，制作出更加吸引人的淘宝图片，如图 6-13 所示。

图6-13　使用Photoshop合成的淘宝图片效果

▶ **专家提醒**

　　由于拍摄取景的问题，拍摄出来的照片内容常常会过于复杂，致使商品显示不突出。如果不抠取商品就直接将拍摄的照片传到网店或微店中，会降低商品的表现力，因此需要我们抠取出主要的商品部分单独使用。

6.3　高点击产品主图设计思路

　　商品的主图设计非常重要。主图是消费者对产品的第一印象，好的主图可以引起他们的注意力，同时还能吸引他们快速下单，甚至对卖家的品牌产生认可。因此，卖家一定要掌握产品主图的设计要点，了解高点击产品主图的设计思路。

6.3.1　颜色字体，搭配调和

　　由于主图的区域不大，因此在其中添加文字和图片元素时，一定要注意颜色和字体的协调，不可滥用过多的颜色和字体，以免消费者产生视觉疲劳。

　　例如，很多卖家采用非常艳丽的颜色来吸引消费者眼球，这种设计看上去很有视觉冲击力，但其实很难提升转化率。图中文字的颜色应根据产品颜色来定，可以采用同色系或者补色，如图 6-14 所示。

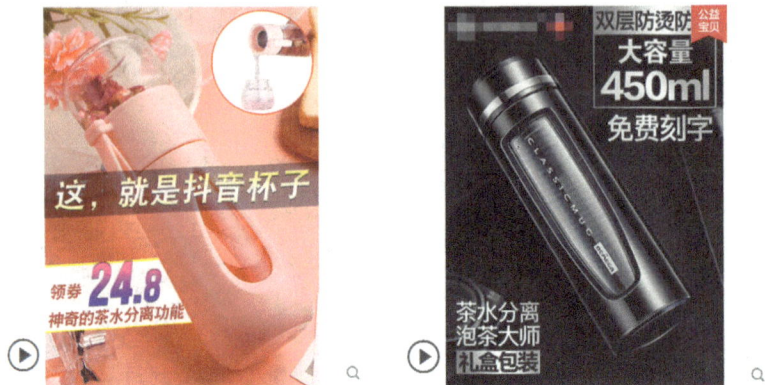

图6-14　主图的颜色字体要搭配调和

6.3.2　创意素材，抓突破点

在选取素材时，要有一定的创意，同时利用这些装饰素材作为突破口，直击消费者的核心需求。图 6-15 所示的主图在设计时，选择了一张创意感很强的太空图片作为背景，进一步诠释了产品的性能。

图6-15　选择太空背景素材

6.3.3　内容全面，重点突出

主图对于商品销售来说非常重要。那些内容不全面、抓不到重点的主图，是很难吸引消费者关注的。因此，在设计商品主图内容时，一定要突出重点信息，同时内容要全面，将产品的卖点充分展现出来，并且加以修饰和润色。最后，对于那些无关紧要的内容，一定要及时删除，不要影响主图的表达效果。

图6-16所示的这个家居小型客厅鱼缸商品的主图就是一个采用中央构图的场景图片，主题非常明确，可以看到其销量也非常高。

图6-16 主图要突出重点

6.3.4 结构清晰，主次分明

在设计主图时，文案内容要控制好，不能抢了产品的风头，一定要做到主次分明。通常主图中的产品图片比例为2/3左右，其他内容为1/3左右。当然，制作比较特殊的主图效果时，也可以适当采用满版型的设计方法，如图6-17所示，提炼一些能引导消费者点击的卖点作为文案即可。

图6-17 提炼卖点文案展示在主图上

6.3.5 视觉化设计 + 产品介绍

在制作商品主图时，大家容易进入一个误区，那就是太过重视视觉化的设计，而忽略了产品信息的展示，如图 6-18 所示。很多店铺主图看起来非常华丽、高雅，但消费者并不知道商家要表达什么信息，此时消费者可能就会与商品失之交臂。

图6-18 视觉化的主图设计

因此，卖家在重视产品视觉化设计的同时，还需要适当地添加一些产品介绍，如图 6-19 所示。告诉消费者买这个产品能得到什么，这样才能更好地促使消费者购买。

图6-19 适当地添加一些产品介绍

▶ 专家提醒

在视觉营销过程中，商家应为消费者提供真实可信的产品信息以及相关产品服务信息，从而增加消费者对产品以及商家的信任度，最终提高产品的销售额。另外，在视觉营销中加入最佳服务信息，有利于增强消费者对店铺的好感，扩大品牌影响力。

6.4　10 类热门主图的创作技巧

要让主图上的内容能吸引用户点击，需要考虑以下 10 点：利益吸引、数字展示、感情渲染、理想描述、对比策略、主动提问、震惊表达、事件借力、气氛渲染以及名人效应。

6.4.1　利益吸引

"利益吸引"比较适合低价产品或可以给出赠品与优惠的产品，如图 6-20 所示。例如，母婴用品可以在主图中放上"点击就送育儿手册"的内容，目标人群非常明确（针对妈妈），紧抓需求（怎样育儿），加入行为驱动指令（点击）。其他适合领域，如五谷杂粮送菜谱或粥谱、灯具装饰送装修方案或装修效果，可以送电子版图文，这样不需要成本。

图6-20　"利益吸引"的主图设计案例

6.4.2　数字展示

类似"买 1 送 3"这种数字展示的主图设计比较适合中低端产品，内容更加直观，如图 6-21 所示。再例如，"月销 10000 件"（大爆款），也是数字展示的典型案例。需要注意的是，文案中描述的销量数字与真实展现销量差距不要过于悬殊，如果你卖了 1000 单，你说月销量 10000 单，这样肯定不行。

图 6-22 所示是一个大容量充电宝的产品主图，其中包括 2 组数字，分别是"30000 毫安"和"109 起"，它们分别体现了该产品的特色优势和价格优势。

图6-21　数字展示的主图设计案例（1）

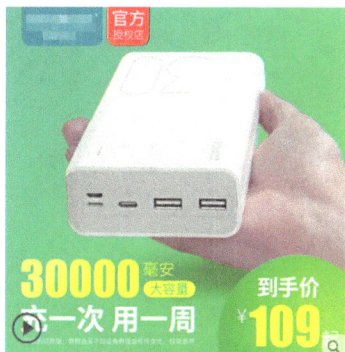

图6-22　数字展示的主图设计案例（2）

6.4.3　感情渲染

主图可以"打感情战"，用感情渲染抓住客户心理柔弱点。图6-23所示的产品是一个杯子，非常适合生日、七夕情人节等场景作为礼物送给女生。产品主图通过暖色调的画面背景配上一对恋人手牵手走在海边，再加上精致的商品图片，并配文"送你一杯子 暖你一辈子"，激发消费者的内心情感。

图6-23　感情渲染的主图设计案例（1）

图6-24所示是两个足疗机产品的主图。左图采用局部特写的拍摄方式，着重刻画一对父子的腿部，并配文"父爱如山"，展现父子之间的温馨亲情，既很有氛围感，同时又能很好地突出产品功能；右图则是采用主体构图方式，让产品占满整个主图空间，虽然也可以突出产品，但缺乏感情渲染，吸引力远远不如左图。

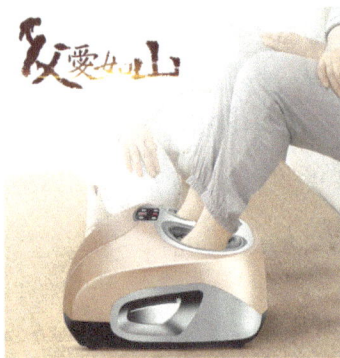

图6-24　感情渲染的主图设计案例（2）

6.4.4　理想描述

理想描述是指为消费者描绘一个理想蓝图。如丰胸产品文案是"从A到D"，但主图切忌大肆介绍"无刺激纯天然"等卖点，建议介绍完"从A到D"之后再介绍没有副作用。

再例如，卖祛痘产品的，可以在主图中说明"7天，痘痘没了"，简单明了，直抓客户需求；卖丝袜产品的，可以在主图中说明"光腿、美肌、瘦腿"等，这些都是抓住客户的需求作为卖点，如图6-25所示。

所以说理想型描述文案要先确定好目标客户，然后找准需求，只抓住一个主卖点就可以。注意主图的优先级一定是先表达产品的效果，然后再介绍产品没副作用。

6.4.5　对比策略

对比策略是指通过与同类型商品进行对比，突出自己产品的质量、功能、价格、服务等优势特色。例如，家具产品的主图卖点可以是"送货到家 包上楼 包安装""承重强 更稳固"等，如图 6-26 所示。

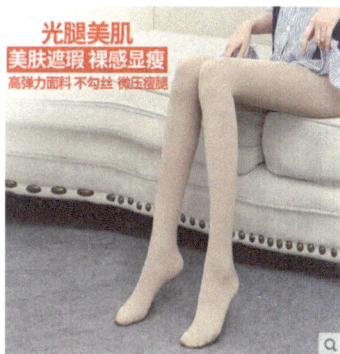

图6-25　理想描述的主图设计案例

图6-26　在主图上突出产品优势

再例如，下面这款丝袜产品，便是在主图上进行效果对比，一只脚穿上丝袜，一只脚没穿，对比非常明显，如图 6-27 所示。

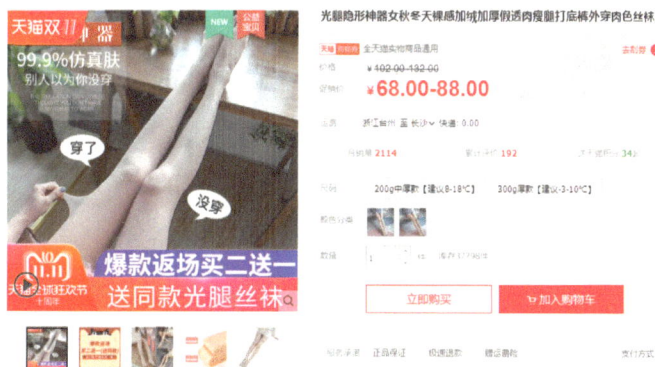

图6-27　在主图上进行效果对比

注意，主图上尽量不要用图片去做对比，空间太小，建议写几句如上的绝佳文案。但主图点进去的详情页要配套，作为主图卖点的解释。例如，产品采取高定价策略时，详情页可以阐述相对于市场标准你比别人多出了什么。

在传递视觉信息时要注重视觉细节的准确、到位。但这里的细节到位不是说面面俱到，越详细越好。因为图形的范围有限，消费者能够接受的信息也是有限的。如果一味地追求细节，就会陷入满屏的信息之中，无法凸显重点。那么，怎样才能让视觉的细节到位呢？其方法总结如图6-28所示。

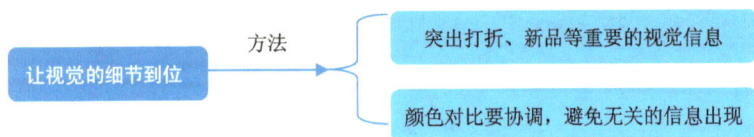

让视觉的细节到位 ——方法——
- 突出打折、新品等重要的视觉信息
- 颜色对比要协调，避免无关的信息出现

图6-28 让视觉的细节到位的方法

▶ 专家提醒

人的视觉是不可能看到所有细节的，因此视觉设计只要突出想要传达的信息就好了。多余的细节只会造成画面的混乱，影响用户对重要信息的摄取，继而导致视觉营销效果不佳。

6.4.6 主动提问

在电商营销中，最好的答案其实就在客户心中，因此卖家要了解目标客户心底的潜在想法，找到打动他的突破口。

要让主图成功吸引买家点击，就要学会主动提问，通过正确的提问方式获取你需要的信息——客户心底潜在的念想，如图6-29所示。

图6-29 主动提问的主图示例

在设计问题时，传达的信息一定要准确，并且要清楚地分配每个主图页面的具体作用。而做好这些工作的基础就是深度了解目标受众的取向和喜好，体现视觉信息的价值。在主图传达问题的答案信息时，可以在主图上直接注明重要信息，并加上序号，起到突出强调作用。值得注意的是，标注的信息要注重语言的提炼和核心信息点的传达，如图6-30所示。

图6-30　通过图文传递视觉价值

6.4.7　震惊表达

震惊表达主要是用文案给买家带来一种心灵上的震撼。如时尚女装可以在主图上写"满大街撞衫，真是够了"；婴儿用品可以在主图上写"你的宝宝还在用有毒塑料吗"；下水道除臭剂可以在主图上写"恶臭10年 根源除臭"；大码男装可在主图上写"非胖勿点"，如图6-31所示。

图6-31　震惊表达的主图示例

需要注意的是，震惊表达不适合与理想描述搭在一起，两者搭配要适度，整个文案的描述要协调。

6.4.8 事件借力

事件借力就是借助具有一定价值的新闻、事件，结合自身的产品特点进行宣传、推广，从而达到产品销售目的的一种营销手段。运用事件营销引爆产品的关键就在于结合热点和时势。例如，抖音小黄鸭表情包在网上风靡，同时就有卖家在淘宝上推出了同款产品，如图6-32所示。

图6-32 事件借力的主图示例

事件借力的主图设计对于打造爆品十分有利，但是，如果运用不当，也会产生一些不好的影响。因此，在事件借力中需要注意如下几个问题，如图6-33所示。

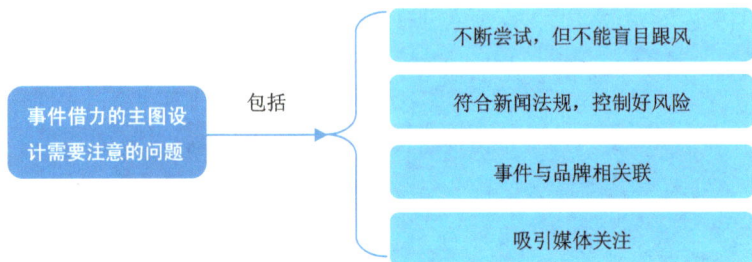

事件借力的主图设计需要注意的问题 —— 包括

- 不断尝试，但不能盲目跟风
- 符合新闻法规，控制好风险
- 事件与品牌相关联
- 吸引媒体关注

图6-33 事件营销需要注意的问题

6.4.9 气氛渲染

气氛渲染是指通过对主图内部空间的组织来创造一种作用于消费者的影响力，使其产生一种情感和心理上的效果，提升消费者点击主图进入店铺的可能性。卖家可以根据产品特点，对主图画面进行美化和强化，营造出一种良好的购物气氛，以刺激买家的感官，进而激发他们的心理活动，推动其完成点击购买等决策过程。

图 6-34 所示的主图通过展示商品的火爆销量"已售 70 万件"，营造出一种产品火热的销售氛围，提升买家的购买情绪、购买欲望。

图6-34　展示产品销量营造氛围

图 6-35 所示在主图上重点推出特价产品，并在文案部分写出"亏本促销"的内容。卖家就是通过这种手段来营造出一种亏本卖的气氛，希望买家看到后能够进入店铺，并最终购买其他让利产品。

图6-35　渲染"亏本促销"的气氛

6.4.10　名人效应

在传达主图的视觉信息时，卖家可以利用大家喜爱的明星或者名人来获得认同，提升买家的好感度，从而为产品的营销活动带来更多的关注，最终提高产品销售量，达到视觉营销的目标。

图6-36所示的主图运用了明星模特照片,可以吸引其粉丝关注并进店消费。

图6-36 明星同款的产品主图设计

在使用明星效应设计主图时,一定要寻找与产品风格调性相似的明星,这样才能起到事半功倍的宣传效果。

第 7 章

装修设计优化：
极致视觉呈现促进成交

别致的网店形象设计能使买家印象深刻。装修网店不仅可以使卖家的店铺更加美观，而且还能体现卖家对店铺的重视，使买家觉得卖家是在用心经营，从而提升买家对店铺的好感度。同时别致的店铺视觉设计还能够促进成交。

7.1 内容规划：做好装修高效提升转化

店招、导航条、首页欢迎模块、店铺收藏区以及客服区是网店视觉设计的基础元素区域，提升这些基础部分的设计美观度可以让网店的整体效果更上一层楼。

7.1.1 店铺招牌：做好店招设计

店招，顾名思义，就是网店的店铺招牌。从网店商品的品牌推广来看，想要在整个网店中让店招变得便于记忆，店招的设计就需要具备新颖、易于传播等特点。图 7-1 所示为 Apple Store 官方旗舰店的店招。

图7-1　Apple Store官方旗舰店的店招

1. 店招的设计要求

一个好的店招设计，除了给人传达明确信息外，还要在方寸之间表现出深刻的精神内涵和艺术感染力，给人以静谧、柔和、饱满以及和谐的感觉。要做到这些，卖家在设计店招时需要遵循一定的设计原则和要求，如有标准的颜色和字体、清洁的设计版面、一句能够吸引买家的广告语和强烈的视觉冲击力，利用它们清晰地告诉顾客你在卖什么。也可以通过店招对店铺的装修风格进行定位。

店招可以营造出品牌的氛围和感觉。体现品牌气质很简单，可以通过品牌专属颜色、LOGO 颜色和字体等的规范应用，先从视觉上进行统一。

2. 店招的主要功能

网店的店招主要是为了吸引顾客、留住顾客，更多地从顾客的角度去考虑。图 7-2 所示为华为官方旗舰店的店招，其中可以清楚地看到商品的名称和广告语，对店铺的风格有一定的了解。

图7-2　华为官方旗舰店的店招

网店的店招同实体店的店招一样，就像一个店铺的"脸面"，对店铺的发展起着较为重要的作用，其主要作用如下。

（1）确定店铺属性：店招最基本的功能就是让买家明确店铺的名称、销售的商品内容，让买家了解到店铺的最新动态。图 7-3 所示为联想官方旗舰店的店招，其中可以看到一些联想的新产品。

图7-3　联想旗舰店的店招

（2）提高店铺知名度：使用有特色的店招可以增强店铺的昭示性，便于买家快速记忆，从而提高店铺的知名度。

（3）增强店铺信誉度：设计美观、品质感较强的店招可以提升店铺的形象，拔高店铺的档次，增强买家对店铺的信赖感。图 7-4 所示为蜜妃儿旗舰店的店招，它的设计感比较强。

图7-4　蜜妃儿旗舰店的店招

3. 店招的设计方法

对于淘宝天猫网店的店招而言，按照其状态可以分为动态店招和静态店招，下面分别介绍其制作方法。

● 制作静态店招：一般来说，静态店招由文字、图像构成，其中有些店招用纯图像表示，有些店招用纯文字表示，也有一些店招同时包含文字和图像。图 7-5 所示，为佳能官方旗舰店的店招，上方就是一张静态的宣传图。

图7-5　静态店招

● 制作动态店招：动态店招就是将多个图像和文字效果构成 GIF（图像互换格式）动画。这种动态店招可以使用 GIF 制作软件来制作，如 Photoshop、Easy GIF Animator 和 Ulead GIF Animator 等。设计前先准备好背景图片和商品图片，然后添加需要的文字，如店铺名称或主打商品等，最后使用软件制作即可。图 7-6 所示为戴尔官方旗舰店的店招，其中的广告呈现动态效果。

图7-6　动态店招

7.1.2　店铺导航：做好宝贝分类

导航条是淘宝天猫店铺装修设计中不可缺少的部分。它通过一定的技术手段，为店铺的访问者提供一定的途径，使其可以方便地访问到所需的内容，即人们浏览店铺时可以从一个页面转到另一个页面的快速通道。利用导航条，买家就可以快速找到他们想要浏览的页面，如图 7-7 所示。

图7-7　店铺的导航功能

导航条的目的是让淘宝天猫店铺的层次结构以一种有条理的方式清晰地展

示给买家，引导买家毫不费力地找到并管理信息，让买家在浏览店铺过程中不至于迷失。因此，为了让淘宝天猫店铺的信息可以有效地传递给买家，导航一定要简洁、直观、明确。

在淘宝天猫店铺的导航条装修设计中，首先需要考虑的便是导航条的色彩和字体的风格，应该从整个首页装修的风格出发，定义导航条的色彩和字体。导航条的尺寸较小，使用太突兀的色彩会形成喧宾夺主的效果。图 7-8 所示的导航条使用类似颜色进行色彩搭配，突出导航内容的同时让整个画面的色彩得到统一，并运用玫红色的"本店所有商品"链接来增强导航的层次。

图7-8　用类似色彩搭配的导航条

鉴于导航条的位置都是固定在店招下方的，只要力求和谐统一，就能够创作出满意的效果。图 7-9 所示的导航条使用蓝紫渐变色的背景和白色文字进行合理的搭配，不仅提升了导航条的设计感，而且色彩的运用也与欢迎模块的配色保持了高度的一致。

图7-9　和谐统一的导航条设计

7.1.3　店铺首页：买家的购物导图

　　网店的首页欢迎模块是对店铺最新商品、促销活动等信息进行展示的区域，位于店铺导航条的下方。其设计面积比店招和导航条都要大，是买家进入店铺首页中能看到的最醒目的区域。

　　由于欢迎模块在店铺首页开启的时候占据了大面积的位置，因此其设计的空间也更大，需要传递的信息也更有讲究，如图7-10所示。如何找到产品卖点、展现创意，怎样让文字与产品结合以达到与店铺风格更好地融合，是设计首页需要考虑的一个较大的问题。

图7-10　店铺首页欢迎模块

　　优秀的首页欢迎模块页面设计通常都具备了3个元素，那就是合理的背景、优秀的文案和醒目的产品信息。如果设计的欢迎模块的画面看上去不满意，一定是这3个方面出了问题。常见的问题有背景亮度太高或太复杂，如用蓝天白云草地做背景，很可能会减弱文案及产品主题的体现。图7-11所示的店铺欢迎模块的背景色彩就和谐而统一，让整个首页看上去简洁大气。

7.1.4　商品详情页：自定义页面

　　商品详情页是对商品的使用方法、材质、尺寸以及细节等方面的内容进行展示的。有的店家为了拉动店铺内其他商品的销售或者提升店铺的品牌形象，还会在商品详情页中添加搭配套餐和公司简介等信息，以此来树立品牌的形象，提升顾客的购买欲望，如图7-12所示。

图7-11　背景色彩和谐而统一

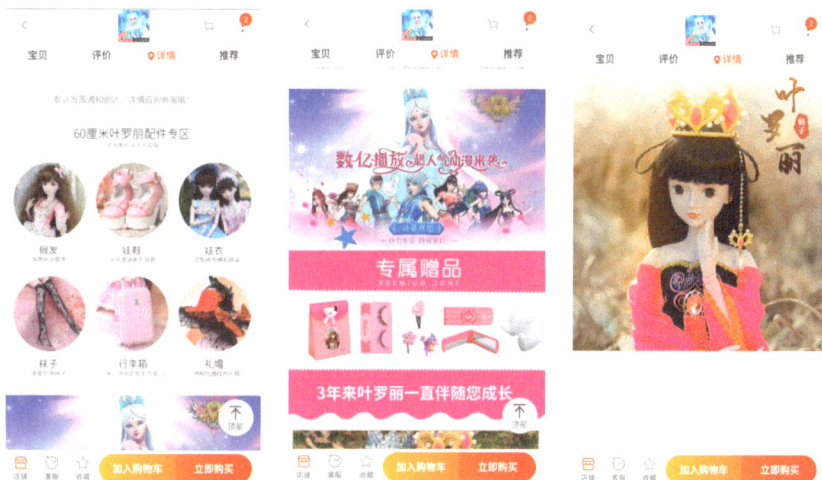

图7-12　商品详情页

7.1.5　广告海报：引导用户下单

广告海报决定着淘宝天猫网店在买家心目中的形象，也是决定点击率的核心因素，在一定程度上决定了网店销售的结果。因此，网店的广告海报设计是店铺营销过程中非常重要的一环，如图 7-13 所示。

在制作淘宝天猫店铺的广告海报时，视觉设计是留住买家的关键因素之一。卖家可以通过视觉设计来实现与买家的沟通，以此向他们传达商品信息、服务理念和品牌文化，并达到促进商品销售和树立品牌形象的目的。

下面就来看看优秀的"购物节海报"是如何进行视觉包装的。

图7-13 店铺海报图

（1）制作吸睛的文字效果：将文字处理得有立体感、层次感，也可以进行字体创意设计，让文字内容更加突出和集中，更有效地深入买家内心，如图7-14所示。

图7-14 字体创意设计

（2）海报排版简洁明了：海报的排版原则主要是简洁明了、突出主题。常采用的排版方式包括居中排版、上下排版、左右排版等，将文案内容和图片内容划分开，通过创意的图文设计烘托出活动的氛围，带动店铺销售。图7-15所示的海报采用了"左右+上下"组合排版的形式，打开页面后，首先映入眼帘的是主题文案，接着往下可以看到产品图片。整体版面右侧的主打商品图片占比较大，让海报看起来非常大气。

（3）背景搭配简约唯美：海报的背景设计也相当重要，可以简单大气，也可以使用唯美风景，主要根据自己店铺和产品的风格来选择搭配。

图7-15　"左右+上下"组合排版的形式

（4）色彩搭配对比协调：对海报的色彩进行搭配和组合，可以取得更好的视觉效果。通常可以运用对比色搭配或者相近色搭配的方式，展现不同的视觉风格。

（5）运用光效突出主题：在设计产品海报时，可以运用光效处理来突出画面中的产品图片或者文案内容，快速吸引买家的眼球，如图 7-16 所示。

图7-16　产品光效处理示例

7.2　走心文案：让顾客情不自禁地下单

淘宝天猫店铺的转化率低，很可能是因为文案写得不够好。在开始写电商文案之前，卖家需要先有以下 3 个基础的观念。

- 不是你想怎么介绍，而是买家该看到什么介绍。
- 每一个产品功能，都要有使用的机会才有意义。
- 客群需要你的产品来解决问题。

不论你的产品是服务还是实体产品，都应该以解决问题为目标，告诉买家"我会怎么解决你的问题"。产品力，就是你的产品解决问题的能力。

下面就以这些观念为基础，将文案分成 3 个部分来说明。

- 第 1 部分：标题开场。
- 第 2 部分：说服内容。
- 第 3 部分：结尾行动。

每个部分有不同的目标，卖家可以随意按照自己想强调的方式来改变内容。

7.2.1　标题开场：吸引、导引、牵引

标题开场分为标题和开场白两个区块，但以电商的商品页面来说，二者的本质是一样的，因此放在一起说。标题开场是电商销售页最重要的一部分，如果开场不吸引人，买家就不会往下看了。

标题开场要注意的 3 个重点如下。

- 是否能够快速判断产品对买家的帮助是什么？
- 是否能够马上唤起买家的心理场景？
- 你的产品在场景中的定位是什么？

不要预设买家都懂你的产品和产品的功能，没有人会对你的产品这么好奇，除非你的产品能解决他的问题，或让他感觉这个问题需要被解决。

例如，很多卖平底锅的店铺会把材质写在开头，如大理石平底锅、陶瓷平底锅等。但锅的材质对买家是没有意义的，只有为产品的特色赋予场景，这项特色才有意义，如图 7-17 所示。

图7-17　平底锅产品文案

又例如，卖电暖气产品的店铺不要去强调产品是怎样发热的，发热方式对用户来说意义不大，而发热温度与速度才有意义。因此应该写的文案是"寒流再强也不怕，三分钟让你的卧室像温室"之类，或者是图 7-18 所示的文案。

再例如，卖食品的店铺不用强调做法有多用心、品质有多好、用料有多实在，而要描述你的食物在什么时候吃最适合，如"派对晚宴的话题帮手，让朋友们打开话匣子的不沾手小饼干"，或是"属于爱情的甜蜜承诺，用 ×× 蛋糕让亲友见证你们的爱情"。同性质商品太多的话，就要找出你的产品在场景中的定位，然后持续地推进买家的购买心理。

通常以问句为开场是最简单的。问一个好问题、一个买家心中在乎的问题，只要你的问题问对了，那买家就会希望这个问题能够得到解决。

无光无噪　宝妈放心用

无光无噪，为宝宝保驾护航。

可拆折叠烘衣架
快干衣物分分钟

加长加宽烘衣架，可折叠，可拆卸，烘衣随心量。

图7-18　电暖气产品文案

开场要想的问题如下。

● 你的产品定位是什么，要在什么样的场景中发挥作用？

● 在这个场景里，买家会遇到什么问题？

找到产品可以发挥作用的问题，那你的产品功能才有意义。下面有 3 种撰写方式可以参考。

（1）问几个买家心中在意的问题。

● 运动方法或保健品："试过很多方法还是瘦不下来吗？"

● 居家托婴服务："找不到让你安心的合适保姆吗？"

● 清扫用具或到家清洁服务："过年大扫除觉得很麻烦吗？"

（2）描述该商品的常见使用场景。例如，专为设计人所开的文案课程可以这样写："每次一打开 Word，总是不知道该如何下笔，面对空白的档案，自己的脑袋也是一片空白；老板总是早上给企划，下午就要交文案，连产品介绍都没给；看同业的人都写得很好，自己却写不出来，心里不断地想：我明明是应征设计，为什么要一直写文案？"

（3）直接说明商品对买家的帮助。例如，甜食产品可以这样写："爱吃甜食的你，还在为热量而烦恼吗？专为爱吃甜食的上班族所设计的低卡零食包，由拥有十年经验的专业营养师设计，有巧克力的甜味却只有酸奶的热量，每包都含有人体一天所需的膳食纤维，不仅满足你的口腹之欲，更照顾你的健康。"

7.2.2 说服内容：介绍、故事、信心

说服内容的重点就是要消除买家的疑虑，增强他们的购买信心。前面开场的时候提出问题，现在这里就要说明为什么可以解决问题了。

说服内容要注意下面几点。

● 提出的说明是否足够简单，能让买家了解？

● 提出的特色是否有其他角色能够佐证？

● 撰写的说服内容是否足够贴近买家在意的点？

通常说服内容的区块，是写电商文案的人最烦恼的部分，因为这部分涉及你的准备功课做得如何，以及你对产品的了解有多少。当你对产品足够了解时，你才能开始思考这个产品能够怎么样说服别人。

1. 说服内容的避免事项

说服内容要避免下面这3件事。

（1）少用行业内的专有名词

专有名词的解释，重点是记买家了解产品用处是什么，而非解说技术原理。如果你的产品无法避免地需要提及许多专有名词，那记得要解释这些专有名词代表的意义，并且利用举例的方式来解说，如图7-19所示。

例如，电脑的CPU（中央处理器）可以说"像是电脑的心脏，心脏越有力，你就能够做越多事"；CPC（Cost Per Click，按点击付费）可以解释为"每次点击成本，就好像你发传单一样，点一次就发出去一张，每一张传单要0.2元，如果没人拿传单，我们就不收你钱"。

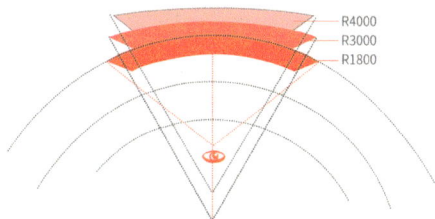

全高清分辨率1920 x 1080

1920 x 1080高清分辨率，享受更清晰、更开阔的娱乐视野
悦目的画质更是让人惊叹。

1920x1080
/分辨率

1800R
/曲率

1800R曲面不同视角相同视觉

1800R比3000R更具视觉的包围感
比起R3000曲率，看起来舒服让用户体验更真实 更震撼的临场视觉

R值越小 显示器曲度越大

R4000
R3000
R1800

曲面比平面 **更符合人眼弧度**

—— 眼睛天生就是"曲面" ——

图7-19 专有名词要解释清楚

（2）避免过多空洞的形容词

形容词在人们心中有各自不同的感受，卖家在说明商品时，要让买家有更加具体的理解。因此尽量不要用高级的、美丽的、时尚的、方便的等空泛的形容词，而是要把每一个形容词转换成可理解的感受，多利用数据、动词、名词与比喻。卖家通过文案给买家传达的感受越具体，买家就越能够了解你产品的好。

下面举了一些对比案例，可以看出具体的描述和空泛的形容词的差别。

● "快速地开机"对比"5 秒钟完成开机"。

● "专业的团队"对比"10 年经验的团队""做过 ×× 大项目的团队""得过 ×× 奖的团队"。

● "让人感动的礼物"对比"让女朋友想亲吻你的礼物"。

● "超甜的水果"对比"像是泡过蜂蜜的水果"。

（3）避免无意义的桥段

即使你的产品有很多特色、专利或技术，也不该把所有技术都罗列在一个区块。可以把两三项相似的技术归纳起来，思考这些技术可以帮助买家做什么事情、在什么情况下这些技术会发挥作用，然后结合成一个区块即可，如图 7-20 所示。要是还有更多的技术细节，用条例的方式说明即可。卖家在优化文案时该花心思去思考的是确保每一个桥段都是对买家有意义的。

卖家可以试着把自己写好的内容给朋友看，多问问别人的意见。或是试着把某些区块拿掉，看看整体意思是否一样。不要用多余的资讯，去消耗买家的心力。

图7-20　将相似的技术结合成一个区块

2. 说服内容的撰写方法

如果产品已上市一段时间，有许多人用过，则可以采用以下写法。

（1）好的产品文案就是会讲故事

写一个人们因为你的产品而改变的故事。例如，"Z先生是我们几十年的老顾客，还记得一开始跟他介绍这个产品时，他一脸怀疑的样子，在半信半疑地试用过后，再也离不开这款产品了……"。

故事可以帮助买家理解复杂的产品成效，也可以展现卖家的成果。更重要的是故事本身带有说服力，人们总是喜欢听故事的，在听故事的过程中，就已经开始相信你了。

（2）放口碑、举见证，以数量取胜

口碑的重点在于指出你的目标客群，展现他们因为你而获得的帮助，吸引其他有相同问题的人。例如，"超过300间工厂采用我们的自动化设备，提升30%产能，并降低20%错误率""年销售1000座沙发，让上千个家庭得到属于自己的倚靠"。

如果是新产品上市，无特别口碑或是使用见证，以下的事情应尽力去做。

● 资金预算充足的卖家可以请权威人物代言，资金预算不足的卖家可以请老板自己出来"背书"。

● 写出品牌主张与理念，展现企业对于此产品的用心与期许。

● 展示产品制作细节。

● 提供试用或满意保证。

● 说明产品适用的客群。

完成这些素材需要花点时间，但做完的素材，之后都可以继续使用。没素材就自己拍，或者去图库买；不知道产品怎么做就去问工厂，去问老板，去问产品开发人员。准备素材一直都是文案的工作，要多搜集资料，才能够写好文案。很多不会写文案的人，甚至连产品为什么要这样设计都说不清楚。俗话说"没有糟文案，只有懒文案"，你都不愿意多懂你的产品一点，那就不要期待买家会去了解你的产品了。

7.2.3　结尾行动：明确、急迫、指定

结尾是许多人通常会忽略的地方，很多电商文案开头都写得很好，但结尾却草草结束，属于典型的虎头蛇尾。会看到结尾的人，除了同业或者是直接拖到结尾处的人之外，还有以下两种人群。

- 对你产品有兴趣，但是还在犹豫。
- 对你提出的内容有兴趣，但还不知道这产品对自己的意义是什么。

以上所说的这两种人，也就是很认真看到结尾，但心里还差"临门一脚"的买家。而对产品没兴趣的人，都是看完开头就出去了的。所以结尾很重要，它可以把这群还在观望的买家"踢"进购物车。

结尾要注意以下几点。

- 有明确的行动方向（看完以后做什么）。
- 有具体的诱因推动（做了有什么意义）。
- 有清楚的指定未来（做了可以成为什么）。

在结尾的部分，你可以想象这是一个跟买家谈话的最后阶段，不论你前面聊得如何，在最后话题收尾前，你要赶快把要补充的事情说完，然后告诉他下一步该做什么。

因此，结尾处可以做的事情有以下 3 个方向。

1. 最后跟他说真心话，谈谈心

前面已经培养了感情基础，让买家顺利看到结尾处，在有信任基础的情况下，才能更好地跟买家谈心。不然一个陌生人一开头就要跟你谈心，你只会觉得他是别有用心。所以，卖家可以在结尾动之以情。下面举一些类似的案例。

- "其实这产品，我们卖一个就是赔一个，要不是过年清库存，现在也不

会有这个价格。"

● "我们不是为了赚钱，只是为了让大家用到好东西，看到很多人用了我们产品生活变得更好，我们就开心了。"

● "这一批是最后的库存了，我们明年要做其他产品，这价格也是最后一次了。"

● "带一组好过年，带两组有余年。"

● "今天下单，年前送到，让我们陪你一起过个好年。"

前面我们一直在说产品，一直努力跟买家产生联系，而感情就是最好的联系。开头就谈感情，会显得矫情。而结尾再谈感情，可以让产品更有温度、有情感，让买家知道有个人在背后用心地做这个产品，他说话很真诚，他做产品很认真。

2. 最后拿出点好处，诱惑一下他

如果一开始就把好处拿出来，人们不太会珍惜。有什么利益的话，可以放在最后，这样才能够让这些利益发挥作用。下面举一些类似的案例。

● "现在下单，再赠送好礼三选一，活动只到春节前！"

● "今天购买，我们再优惠 100 元，年前最后一档，只有今天！"

对付在犹豫的人，最好的方法不是不让他犹豫，而是让他忘记犹豫的意义。前面已经把需求讲得很明确，买家在了解产品的价值后还犹豫的通常都是因为觉得价格太贵，想看看有没有性价比更高的。于是我们要提出具体的优惠，让他知道现在行动才是有意义的，犹豫只会错过机会而已。

3. 最后给他点愿景，感受一下购买后的自己

人们买产品不单单是为了产品而已，通常主要有两个目的：解决遇到的问题和满足某种心理。

这部分放在开场也可以，但放在最后效果会更好，因为这时候更适合谈点关于未来的东西。商品只是品牌策略的一环，是企业跟消费者的接触点。人们找你永远不是为了产品，而是为了他们自己。因此，卖家可以在最后这一段跟他说"你买了这产品后，会变成怎样的人"。下面举一些类似的案例。

● "我们希望你过得更好，因此我们先成为最好的，然后帮助你成为更美丽的自己。"

- "很多人费尽心思装潢了整个家，但却少了一个衬托品位的挂画，画龙需点睛，用一幅画来表现您对家的用心。"

- "买一组送妈妈，让妈妈感受你的孝心。"

- "用这组红包包给长辈，让他们看见你努力的成果。"

- "选择我们的品牌，让你今年业绩旺旺来。"

商品在消费者的人生里，其实就是"跑龙套"而已，因为特别的目的才会出来"串场"。因此，要让买家感受到商品的意义，让他知道商品的存在就是为了让他变得更好。最后别忘了告诉买家该怎么做，并简化行动的难度。下面举一些类似的案例。

- "花 3 秒填写资料，就能够得到我们的服务。"

- "点击购买，每天不到 10 块钱，换自己一个安心的未来。"

- "现在拨打电话，得到过年后的学习成长计划。"

给买家心动的理由，他才会行动。总之，电商文案跟一般的品牌文案或是社群文案最大的不同就是，一切的努力都是为了将产品特点跟买家绑在一起，告诉买家这款产品是与他有关的，是他需要的，是他现在就该购买的。因此，电商文案的重点永远都是如何以买家的角度来思考需求，并且避免让买家有疑惑、困扰的地方。

7.2.4　注意事项：在撰写电商文案时要避免

撰写电商文案时要避免以下这些情况。

1. 用复杂的修辞与文字游戏

买家要了解的是产品，而不是你的文字巧思。创意的文字谐音、押韵更容易让人传颂，但我们不是在做新闻，要尽量避免使用会让人困惑的表达方式。

2. 在产品里运用负面或贬低其他人的言论

这是一种做生意的精神，也就是说你的好不需要踩在别人之上。你可以说自己的产品是品质最好的，但不要说市面上充斥着滥竽充数的产品；你可以说自己的产品效果最佳，但不要说其他产品都是没效果的。

即使是保健食品，你都可以说自己的产地最有保障，但不要说其他人都是进口的劣质品。贬低其他人的商品，只会显得你自己没有其他特点而已。做生意的目的是盈利，把时间花在自己的产品上才是最重要的。

3. 好文没有配好图

如果文案写得很长、很用心，配图最好找一个好的设计师帮你处理。因为现在会写的人很多，所以好图的搭配相当重要。每一个特色配上一张对应的图，那效果就不一样了，如图 7-21 所示。甚至还可以做短视频或者 GIF 动态图，用文案说明细节，用图片或视频帮助买家缩短理解的时间。

图7-21　好文需要配好图

7.3　说服买家：掌握详情页的万能逻辑

详情页设计的万能逻辑为：从买家的心理行为出发。所有的详情页设计都应该围绕着转化率的提高。

在制作详情页之前，卖家首先要了解买家为什么要看详情页。买家看详情页是为了获取他需要的信息，为了支持自己的购买决策。所以，说到底详情页就是一个说服的过程，只要把逻辑设计好，能够说服买家购买，转化率自然就会提高了。那么，应该用一个什么样的逻辑去说服买家呢？首先要明确，不同的类目、不同的产品风格和产品档次，面对的买家是不一样的，所以说服的方法肯定也会有很大的区别。本节介绍一个万能的方法，在进行详情页设计的时候尽量围绕着这个方法来进行。

7.3.1　第 1 步：被吸引

在淘宝天猫平台上，买家在不同店铺、不同宝贝之间切换的成本几乎为零。

所以如果卖家不能在第一时间或者第一眼就牢牢地抓住买家的眼球，那买家很有可能根本不会往下看，直接换到其他页面，导致转化率很低。

所以，在详情页的开头，要尽量把用户最关注的点表现出来，如下面这些点。

- 用户关注正品——假一赔十。
- 用户关注物流速度——全国顺丰包邮。
- 用户关注人气——全网热销万件。
- 用户关注价格——9 块 9 特卖。

另外，还有一个小细节，卖家要多注意一下：阿拉伯数字比文字更能够吸引买家注意。所以，在第一屏当中要尽量用阿拉伯数字来表达，并且尽量让这个阿拉伯数字突出显示。图 7-22 所示的文案中，只要淘宝买家报名参加活动，即可领取 80 元返现补贴，其中的 "80" 就是通过字体放大来突出展现的。

图7-22　用阿拉伯数字表达活动力度

7.3.2　第 2 步：感兴趣

吸引住买家的眼球后，让买家对你的宝贝感兴趣。买家感兴趣的一般情况下可以是宝贝独特的卖点，也可以是一些有吸引力的活动，这些因素让买家有进一步读下去的欲望，并且产生购买兴趣。例如，下面这个活动就是通过"四重大礼"来引起买家的兴趣，如图 7-23 所示。

图7-23　用活动让买家产生兴趣

7.3.3　第 3 步：信心逐渐增强

"信心逐渐增强"是制作详情页中比较核心的部分。经过前两步，买家对你的详情页已经产生了兴趣，这个时候卖家就需要不断地强化他们的购买信心，实际上就是通过款式、细节等去塑造产品的价值，告诉买家这个宝贝是很值得购买的，如图 7-24 所示。

图7-24　通过细节塑造价值强化买家的购买信心

7.3.4　第 4 步：临门一脚

通过卖家的产品价值塑造和对宝贝卖点的提炼，买家基本上已经有很强的购买心理了，此时卖家还需要彻底打消买家的购买疑虑。这里最关键的一步就是打造零风险购物的概念，如图 7-25 所示。卖家还可以通过限时、限量等字眼，增加买家的紧迫感，促使他们下单，如图 7-26 所示。

图7-25　打造零风险购物的概念

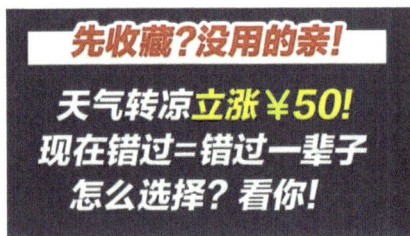

图7-26　增加买家的紧迫感

7.3.5　第 5 步：强力背书

最后可以在详情页中展示买家的评价截图，更加真实地展现店铺的服务、资质、包装物流等，如图 7-27 所示。同时，卖家还可以放一些品牌授权、品牌故事、企业经营执照、实体门店形象照片等，如图 7-28 所示。一切能证明卖家实力、经营规模的资料，都可以在最后做个背书，从而赢得买家更多的信任，让买家记住卖家的品牌和店铺，进一步提升流量和转化率。

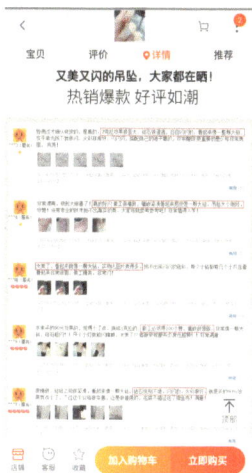

图7-27　展示买家的评价截图

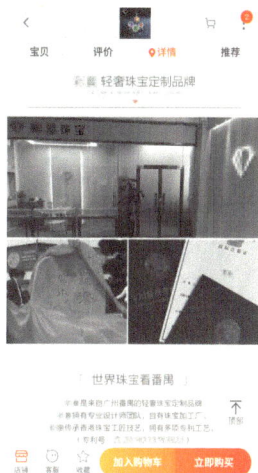

图7-28　卖家实力展示

营销推广篇

第 8 章

活动营销：
丰富玩法提升店铺销量

　　淘宝的活动分为很多种，不同的活动针对的是不同的卖家群体。各类节庆有固定的大促，如五一、"双 11"以及"双 12"等，平日还有花样不断的促销活动，但很多活动都是需要商家自己主动提报的。活动可能是一个很大的逆袭机会。

(8.1)　全新升级的淘宝促销工具

限时打折、满就减（送）以及搭配套餐是淘宝卖家过去最常使用的 3 种促销活动工具。如今这些工具已经进行了全新升级，名称也变成了"单品宝""店铺宝"和"搭配宝"。本节就介绍这些工具的使用方法。

8.1.1　限时打折：单品宝

限时打折与"特价宝"合并，并更名为"单品宝"。下面介绍创建和删除"单品宝"活动的操作方法。

（1）卖家可以进入"卖家中心"→"营销中心"→"店铺营销工具"→"优惠促销"→"单品宝"页面，点击"新建活动"按钮，如图 8-1 所示。

图8-1　点击"新建活动"按钮

（2）进入"创建活动"页面，设置基本信息，如图 8-2 所示。

图8-2　设置基本信息

> ▶ 专 家 提 醒
>
> 注意，可选择的优惠方式包括"打折""减钱"和"促销价"3 种，活动创建后便无法修改优惠方式。活动时间最长可设置 180 天。

（3）选择活动商品，并设置商品优惠，点击"保存"按钮即可，如图 8-3 所示。当"优惠级别"为"商品级"时，还可以设置每个买家的限购数量。

图8-3　设置商品优惠

（4）要删除"单品宝"活动，可以进入"卖家中心"→"营销中心"→"店铺营销工具"→"优惠促销"→"单品宝"→"活动管理"页面，选择活动状态下拉列表，找到对应活动点击"删除"即可，如图 8-4 所示

图8-4　删除"单品宝"活动

另外，对于已经结束的活动，可选择一键重启，重新设置活动时间。卖家也可以通过活动商品管理，针对活动进行中和未开始的宝贝进行优惠信息编辑和撤出活动操作。

▶专家提醒

注意，一个店铺最多可创建 100 个"单品宝"活动。单个商品级活动下，最大商品数量不能超过 200 个；单个 SKU 级活动下，所有商品累计 SKU 数量不能超过 400 个。

8.1.2　满就减（送）：店铺宝

天猫端的"店铺优惠"活动与淘宝 C 店的"满就减（送）"如今已合并升级为"店铺宝"。卖家可以选择店铺中的相应商品进行促销活动，如满件打折、满元减现、包邮、送赠品、送权益、送优惠券等。设置后优惠信息默认在 PC 端和无线端宝贝详情页展示，如图 8-5 所示。

图8-5　"店铺宝"活动

卖家可以在千牛服务市场搜索"店铺宝"来订购该服务，如图 8-6 所示。卖家也可以进入"卖家中心"→"软件服务"→"我要订购"→"我的服务"

图8-6　订购"店铺宝"服务

中找到对应的订购服务。

创建"店铺宝"活动的操作方法如下。

(1)进入"卖家中心"→"营销中心"→"店铺营销工具"→"优惠促销"→"店铺宝"页面,点击"新建活动"按钮。进入"编辑活动"页面,设置活动的基本信息,并选择合适的优惠类型,如图 8-7 所示。

图8-7 "编辑活动"页面

(2)点击"下一步"按钮,设置"优惠条件"和"优惠门槛及内容"选项,可点击"增加一级优惠"按钮来添加多级优惠(最多支持 5 级优惠,优惠力度需逐级增加),如图 8-8 所示。

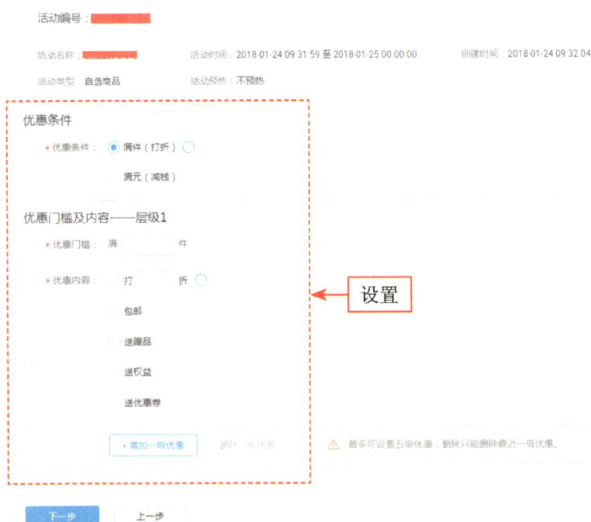

图8-8 设置"优惠条件"和"优惠门槛及内容"选项

（3）点击"下一步"按钮，即可创建全店商品活动，点击"完成"按钮保存即可，如图 8-9 所示。设置全店商品活动后，在活动时间范围内，除了参加其他活动的商品外，店铺中的其他所有商品都会参加到该活动中。

图8-9　创建全店商品活动

"店铺宝"是店铺级的营销工具，可以与单品级（如"单品宝"）和卡券（优惠券、红包、淘金币等）等活动工具叠加使用，进一步加大店铺的活动力度。

8.1.3　搭配套餐：搭配宝

"搭配宝"是"搭配套餐"的升级版，是一款加入智能算法的商品关联搭配工具。它可以帮助卖家为买家推荐适合的搭配商品，提升客单价和转化率，同时还有机会穿透到公域，参与主搜，成为引流利器。

设置搭配宝的操作方法如下。

（1）进入"搭配宝"页面，点击"创建套餐"按钮，如图 8-10 所示。

图8-10　点击"创建套餐"按钮

（2）进入"创建套餐"页面，点击"添加主商品"按钮，如图 8-11 所示。注意，被下架、删除和屏蔽的商品、虚拟类目商品、秒杀商品、拍卖商品以及其他特殊业务类型的商品都无法添加主商品。

图8-11　点击"添加主商品"按钮

（3）弹出"选择主商品"窗口后，选择相应的主商品后点击"确认"按钮，如图 8-12 所示。

图8-12　选择主商品

（4）执行操作后，系统会自动帮助卖家推荐合适的搭配商品，如图 8-13 所示。卖家也可根据自己的实际需求，点击"添加搭配商品"按钮来自行选择搭配商品，最多可选择 8 个。

（5）选择好套餐商品后，点击"下一步"按钮设置活动信息，如图 8-14 所示。注意，套餐名称不能超过 10 个字，套餐介绍不能超过 50 个字，活动时间最长可以设置 180 天，套餐图的尺寸要求为 1125px×1125px。

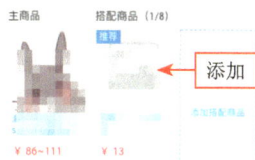

图8-13　自动推荐适合的搭配商品

图8-14　设置活动信息

（6）设置套餐内商品的搭配价和搭配数量（即套餐内该商品最多可购买件数），如图 8-15 所示。

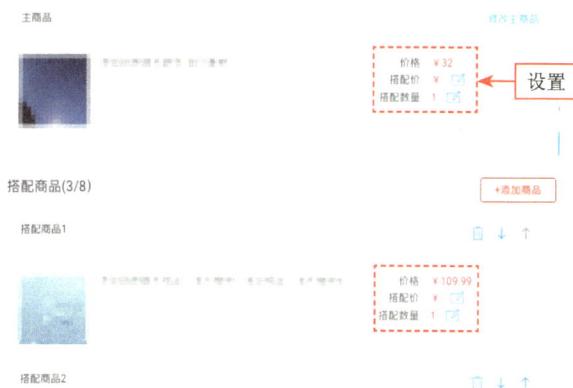

图8-15　设置搭配价和搭配数量

（7）价格设置完毕后，点击"保存"按钮即可完成"搭配宝"活动的设置，如图 8-16 所示。在二维码下方点击"复制链接"即可提取搭配套餐的链接。

图8-16　完成"搭配宝"活动的设置

8.2 互动营销，吸引更多潜在客户

在淘宝天猫平台上，卖家可以创建多种形式的互动营销活动，如优惠券、跨境包税、红包权益、购物车营销等，以此来吸引更多潜在客户进店消费。

8.2.1 优惠券：刺激转化、提高客单价

优惠券是一种可以通过多种渠道推广的电子券，通过设置优惠金额和使用门槛，来刺激转化和提高客单价。优惠券包括店铺优惠券和商品优惠券，下面介绍具体的活动创建方法。

（1）进入"优惠券"页面，点击"店铺优惠券"按钮，如图 8-17 所示。

图8-17　点击"店铺优惠券"按钮

（2）进入"创建优惠券"页面，会默认选择"全网自动推广"渠道，然后设置名称、使用时间、优惠金额、使用门槛、发行量和每人限额等选项，如图 8-18 所示。设置完毕后，点击"确认创建"按钮即可创建店铺优惠券。

图8-18　"创建优惠券"页面

（3）选中"官方渠道推广"单选按钮，选定一种渠道，点击"确认"按钮即可开始创建该渠道的优惠券，如图 8-19 所示。

图8-19　官方渠道推广

（4）选中"自有渠道推广"单选按钮，弹出"选择渠道"对话框，卖家可以选择"通用领券链接"（即不公开优惠券）或者"一次性链接"两种方式，点击"确认"按钮开始创建优惠券，如图 8-20 所示。

图8-20　自有渠道推广

（5）在优惠券主页，卖家可以查看优惠券的相关数据，包括领取张数、使用张数、支付金额、支付买家数以及客单价等，如图 8-21 所示。

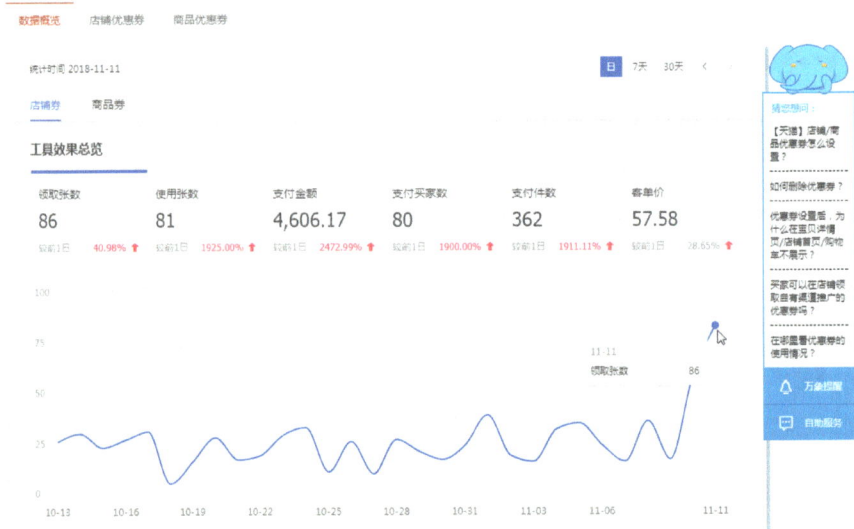

图8-21　优惠券数据分析

8.2.2　公益福包：公益是最大的福报

在"优惠促销"中点击"权益中心"按钮进入其页面，可以看到很多权益工具，卖家可以根据自己的需要选择合适的营销活动来签约，如图 8-22 所示。

"公益福包"是一种新型的公益互动营销产品，参与门槛非常低，天猫和淘宝的卖家均可签约该权益。卖家将"公益福包"发放给买家，支持其参与公益捐赠，同时让卖家的公益账户和公益宝贝商品得到更多曝光，过期未使用的

"福包"将退款给卖家。在"权益中心"页面，点击"公益福包"右侧的"权益管理"按钮进入相应页面，可以创建公益福包模板，以及查看公益福包的数量、金额等，如图 8-23 所示。

图8-22　"权益中心"页面

图8-23　"公益福包"页面

点击"创建公益福包模板"按钮，设置相应的模板名称、福包名称、福包类型、福包面额、发放总量、领用结束时间和使用结束时间等，点击"确定"按钮即可，如图 8-24 所示。

图8-24　创建公益福包模板

选择需要的公益福包后进入其详情页面，可以查看公益福包发放与使用情况、公益福包发放记录以及关联活动数据，如图 8-25 所示。买家领取卖家采买的"公益福包"仅用于公益店捐赠（由公益机构开设）。

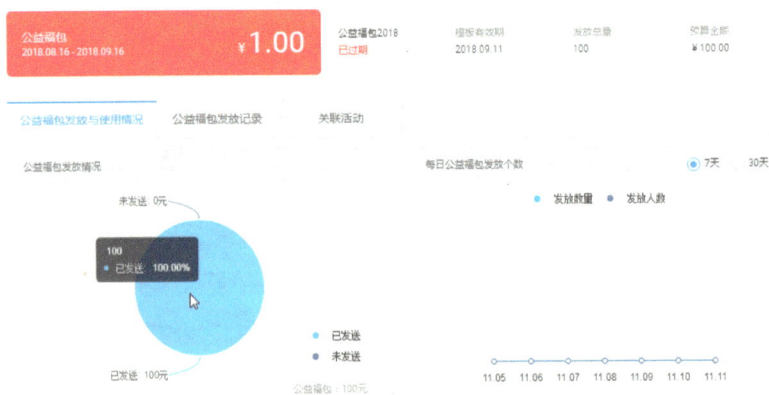

图8-25　公益福包详情页面

8.2.3　支付宝红包：快速宣传、促销

在"权益中心"选择"支付宝红包"选项，点击"创建支付宝红包模板"

按钮。首次进入的卖家需要签署相应协议，签约成功后，即可创建一个红包模板，如图 8-26 所示。卖家必须仔细阅读红包使用规则。自定义金额可以设置为 1～499 元，设置相应的红包个数和金额，即可创建红包模板。

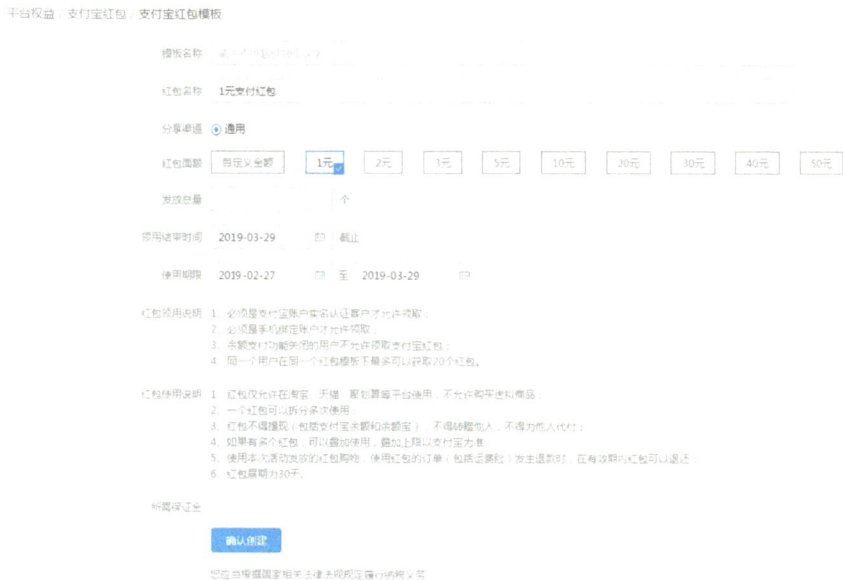

图8-26　创建支付宝红包模板

红包如今已经成为卖家在线上线下"吸粉"引流的高效工具。红包最容易引起人们的注意，是一个有效的引流入口。买家进入店铺领取支付宝红包后，可以在淘宝、天猫、聚划算等平台使用红包抵扣相应额度的现金来进行结算。一个红包可以拆分多次使用，可以叠加使用，但不能提现或者转赠他人，不得为他人代付。

8.2.4　流量钱包：提高曝光率和二次转化率

流量钱包是指手机流量包，卖家可以将其作为促销品，通过活动等方式赠送给买家，从而提高店铺的曝光率和转化率，同时有助于维护客户关系。卖家可以在签约后进入"流量钱包"页面配置活动，注意要有足够的余额来支付活动所发放的流量费用，否则会对活动效果产生影响。

流量钱包付款方式有以下两种，如图 8-27 所示。

流量钱包具有通用性的特点，支持移动、联通、电信、阿里通信运营商等手机号码，对买家来说价值很高，而且买家也可以将其转赠给自己的淘宝好友，实现裂变引流。流量钱包入口在"手淘"→"我的淘宝"→"红包卡券"→"流量钱包"页面，如图 8-28 所示。在此可以引导买家查看赠送流量的店铺，将买家免费引流到店铺，提高二次转化率。

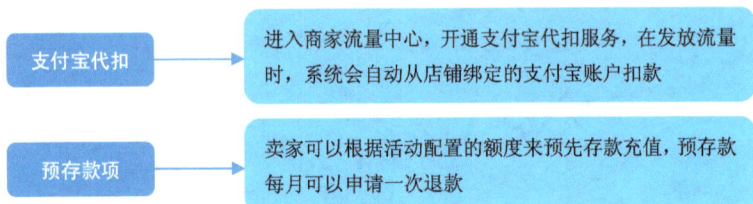

图8-27　流量钱包付款方式

图8-28　流量钱包入口

8.2.5　购物车营销：促进精准客户成交

新版购物车营销已经在全网开通（虚拟类目暂未开通），只要卖家的店铺里有加购未成交人数超过 100 人的宝贝，即有机会使用。购物车营销互动在每天 10：00 准时开抢，每日仅限 50000 个活动。卖家可以登录千牛工作台，进入"客户运营平台"→"运营计划"→"智能营销"→"购物车营销"页面来创建活动，如图 8-29 所示。

创建完活动后，曾经加购的买家购物车会显示优惠价格、结束时间等信息，如图 8-30 所示。卖家一旦在系统后台成功设置了购物车营销活动，该活动将于创建成功后的 30 分钟开始生效，并在当天 24：00 失效。

| 创建活动

活动时间　　　活动于创建成功后 30 分钟开始生效，至当天 24:00 失效。

活动宝贝

商品名称	一口价	加购金额	实时库存
测试品牌测试商品，请不要拍，测试商品，请不要拍测试商品	￥100.0	￥85.0 - ￥1234.56	56

营销内容　　促销价

拖动选择条，选择活动价格，可覆盖的人数会根据你所选择的不同价格实时变化。

557.96 编辑

66　　　　　　　　　　　　　　　　　　　　　　　　　　　800

请在最低价和最高价之间拖动选择填写促销价，活动价格时间固定的天生效，并将计入最低价

覆盖人数　　　4人

确认创建

图8-29　创建活动页面

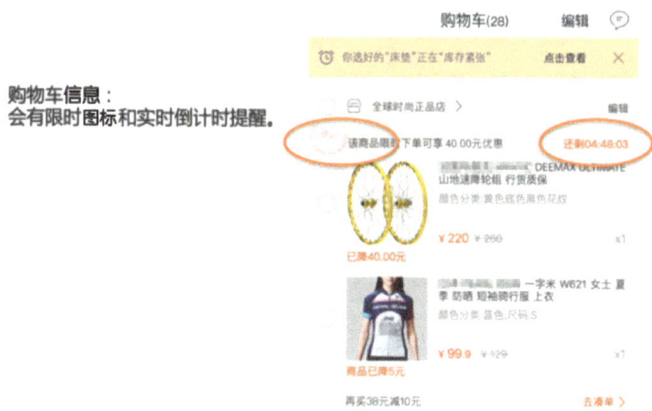

购物车信息：
会有限时图标和实时倒计时提醒。

图8-30　消费者端体验

8.2.6　用户限购：饥饿营销勾起顾客购买欲

　　用户限购活动支持卖家对任意商品设置某时间段内每个用户的限购数量，限购时间选择的自由性，可与卖家设置的其他优惠活动完美结合，如图 8-31 所示。

　　用户限购活动其实是一种饥饿营销手段，卖家有意调整商品数量，以期达到调控供求关系、制造供不应求的"假象"、维护产品形象并维持商品较高售价和利润率的营销目的。

图8-31　用户限购设置界面

8.2.7　天猫购物券：增加买家的消费欲望

天猫购物券是由天猫平台发放，适用于全天猫实物类商品的平台通用券。卖家可以设置翻倍倍数，通过让利来参与平台活动、获取平台流量，如图 8-32 所示。

图8-32　天猫购物券设置界面

在"商品维度"列表中，选择相应的天猫购物券，点击"查看"按钮即可查看购物券活动详情，如图 8-33 所示。

买家可以通过积分刮取或者平台互动活动等方式获得天猫购物券，在支付时购物券与优惠券可以叠加使用，如图 8-34 所示。

卖家可以通过天猫客户端首页积分刮券、必抢频道刮券、首次下载天猫客户端送券、手机浏览器宝贝详情页刮券等多个渠道将天猫购物券发放给买家，以增加流量入口，如图 8-35 所示。

在使用天猫购物券营销活动时，卖家还可以选择是否翻倍。如果不使用翻倍，则营销成本由天猫平台承担；如果使用翻倍，则营销成本由卖家通过让利的方式承担。卖家可以设置一个天猫购物券的满减门槛，当买家订单金额满足条件即可使用天猫购物券进行翻倍抵扣。例如，买家有 10 元天猫购物券，卖家设置购物券的翻倍条件为"满 599 减 100"。此时买家购买 599 元商品仅需支付 599-100(即翻 10 倍)=499 元, 交易成功卖家将获得 499 元。

图8-33　天猫购物券活动详情

图8-34　通过积分刮取获得天猫购物券

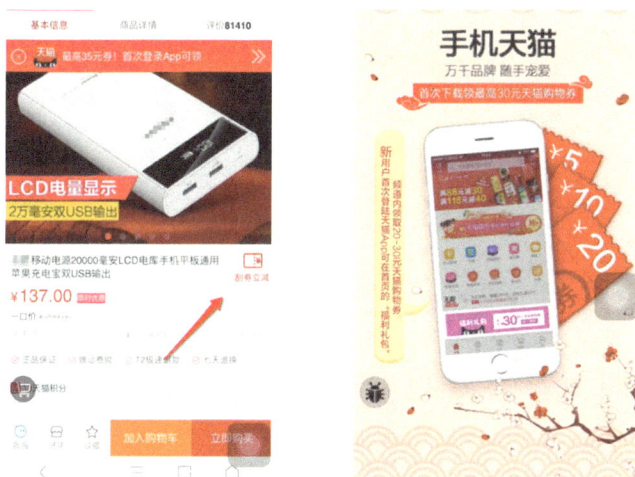

图8-35　通过多个渠道发放天猫购物券

8.2.8　招财喵：互动激励，拓展流量渠道

"招财喵"是一款全新的无线端营销产品，其采用互动激励营销的创新推广模式，帮助卖家在天猫无线端进行精准流量渠道拓展，提升用户黏性，如图8-36所示。

图8-36　"招财喵"活动

下面介绍创建"招财喵"活动的方法。

（1）进入"商家营销工具配置中心"→"招财猫商家任务管理"页面，点击"创建任务"按钮，如图 8-37 所示。

图8-37　点击"创建任务"按钮

（2）进入创建任务界面，上传活动图片，并配置任务奖励信息和任务展示信息，如图 8-38 所示。根据提示进行操作，完成投放计划及任务的创建即可。

开通"招财喵"活动后，卖家将获得以下好处。

（1）提升流量。"招财喵"的引流入口非常多，包括天猫 App 首页、天猫 App "我"→"招财喵"、天猫会员 PC 频道和无线频道 banner、天猫 PC 端工具栏以及买家定向推送等，可以快速提升无线店铺 UV。卖家可以做商家任务来赚取"猫钞"，这样直接引导买家进店铺首页，流量更为直接。

图8-38　创建任务界面

（2）增加成交量。系统通过大数据的算法推送，打造个性化的任务清单展示，将任务分给符合店铺定位的买家，使获得的流量更加精准，有助于提升卖家的品牌曝光度和知名度，同时带来更多成交量。

（3）更多资源。卖家可以发布高单价任务（任务单价大于 0.1 元），从而有机会获得 PC 端天猫会员频道的底部 banner 展示位。

8.2.9　淘短链：立即提高买家购买转化率

"淘短链"是淘宝官方推出的一个关于客户关系管理工具，它通过短信营销来提高消费者的点击率和购买转化率，同时还可以衡量具体的营销效果，便于卖家进行优化和提升。创建"淘短链"的操作方法如下。

（1）进入"客户运营平台"→"淘短链管理"页面，点击"新建淘短链"按钮，如图 8-39 所示。

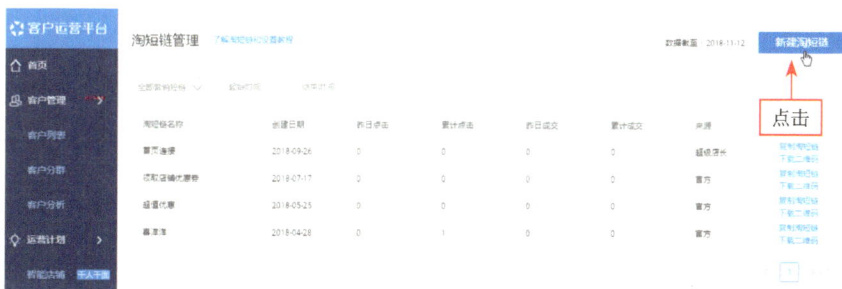

图8-39　点击"创建任务"按钮

（2）进入"新建淘短链"页面，可以在此生成店铺首页、活动页或某个特定商品详情页的短链，如图 8-40 所示。选择"淘短链"类型后，选择相应的宝贝并填写"淘短链"名称，点击"确认创建"按钮即可。注意，只有库存数量 ≥ 50 的商品才能参与报名。

图8-40　"新建淘短链"页面

（3）执行上面的操作后，短链创建成功，卖家可以下载二维码或者复制"淘短链"，如图 8-41 所示。注意，官方生成的短链格式为 c.tb.cn 域名开头，可以有效降低消费者的疑虑。

图8-41　"淘短链"创建成功页面

（4）之后卖家即可通过手机短信、旺旺消息等方式，将"淘短链"分享给买家，买家可以在手机上直接点击该短链，打开手机淘宝进入到链接中的店铺宝贝页面，如图 8-42 所示。

图8-42　点击"淘短链"直接跳转至网页

▶ 专家提醒

　　"淘短链"被分享后，卖家可以到后台查看这些短链的相关数据，如昨日点击、累计点击、昨日成交、累计成交等，可根据数据情况对"淘短链"进行调整。

8.2.10　抽奖精灵：提升人气，提高好评度

　　"抽奖精灵"主要用于店铺抽奖活动，可以提升人气，为店铺引进流量，提高客户好评度，适用于天猫和淘宝店铺，如图 8-43 所示。

图8-43　"抽奖精灵"活动示例

"抽奖精灵"支持消费抽奖、好评抽奖、收藏抽奖、进店抽奖、分享抽奖、签到抽奖、会员抽奖、人群抽奖（导入不同旺旺人群获得不同抽奖次数）、赠送抽奖以及组合抽奖等多种抽奖功能，可以满足卖家个性化的营销需求。

"抽奖精灵"的主要特色如下。

● 抽奖条件可以自由组合，非常灵活，如收藏并分享才可以抽奖、收藏或分享即可抽奖等。

● 可以同时设置多个抽奖活动，每个活动可以设置不同奖品。

● PC端与手机端可以同步抽奖，将模块抽奖、手机抽奖和个性化整合页抽奖三者合一。

● 卖家可以任意修改不同终端的页面设计，打造出与卖家店铺风格一致的抽奖界面。

▶ 专家提醒

注意，目前手机端不能跟PC端一样直接添加到第三方模块，但可以通过宣传图加上手机抽奖链接的方式添加。

第 9 章

内容营销：
新零售内容电商新玩法

内容要变现，最终都是需要经过电商平台的。网红、超级 IP 等内容创业者在互联网中积淀的粉丝资源将在电商平台中变现为商业利润，而粉丝则在其中完成了向消费者的角色转变。电商平台直接将粉丝引导至商品，完成最后的商业闭环。

9.1 淘宝、天猫内容平台的六大入口

淘宝购物已经成为了消费者最喜爱的购物、消遣方式之一。为锁定消费者需求增加消费者黏性，商家纷纷开启粉丝营销之路，想方设法将"访客"变成"顾客"再转为"粉丝"，用内容电商打造新的商业模式。

9.1.1 微淘

对于淘宝天猫商家来说，做社交电商，首先要使用的工具就是微淘。微淘是阿里巴巴进军新零售社交电商的重要产品，借此来实现由 PC 端到手机端的过渡，打造一个全新的移动电商入口。

阿里巴巴推出微淘，核心在于强调"以用户为中心"的新零售理念，同时打通了微淘公众平台，让淘宝商家也能建立自己的电商自媒体系统，更好地运营粉丝。粉丝可以关注商家的微淘号，订阅相关的服务和信息，同时还能够与商家及时进行互动。微淘的主要功能包括发帖子、宝贝清单、图片、预上新、上新、短视频、链接、问答、单品、买家秀、转发以及草稿等。下面以发帖子为例，介绍具体操作方法。

（1）登录阿里·创作平台，❶在左侧的"首页 - 创作"导航栏中选择"发微淘"选项；❷在右侧窗口中点击"帖子|清单"按钮；❸在下方窗口中点击"长文章"中的"立即创作"按钮，如图 9-1 所示。

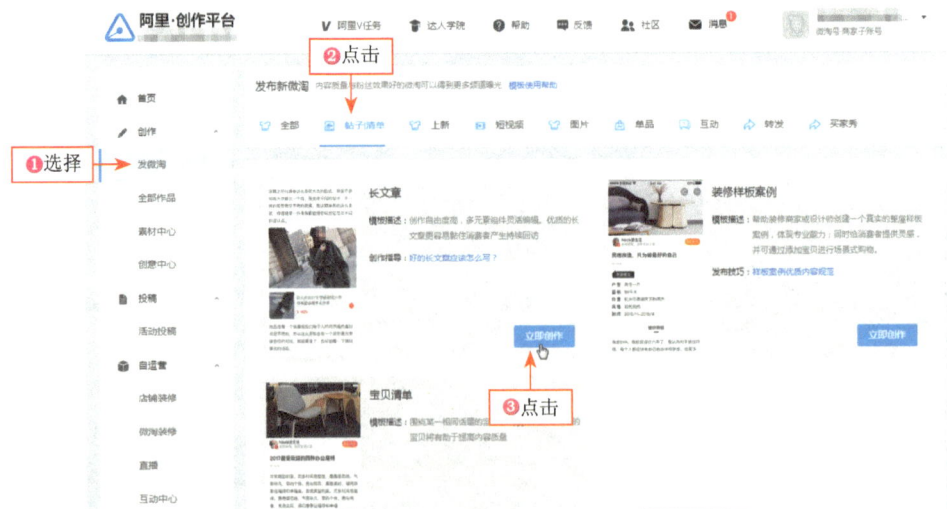

图9-1　点击"立即创作"按钮

（2）进入"长文章"页面，在这里可以设置文章标题、副标题、正文、文末链接、封面图片、添加互动以及推送至群聊等，如图 9-2 所示。商家可以通过长文章来发布图文广告，并在其中添加要推广的商品，也可以定义广告链接，让消费者获得更多的信息。长文章中还包括群聊、投票、福利和征集活动等互动营销工具，这也是跟粉丝进行互动和引入粉丝的重要入口。

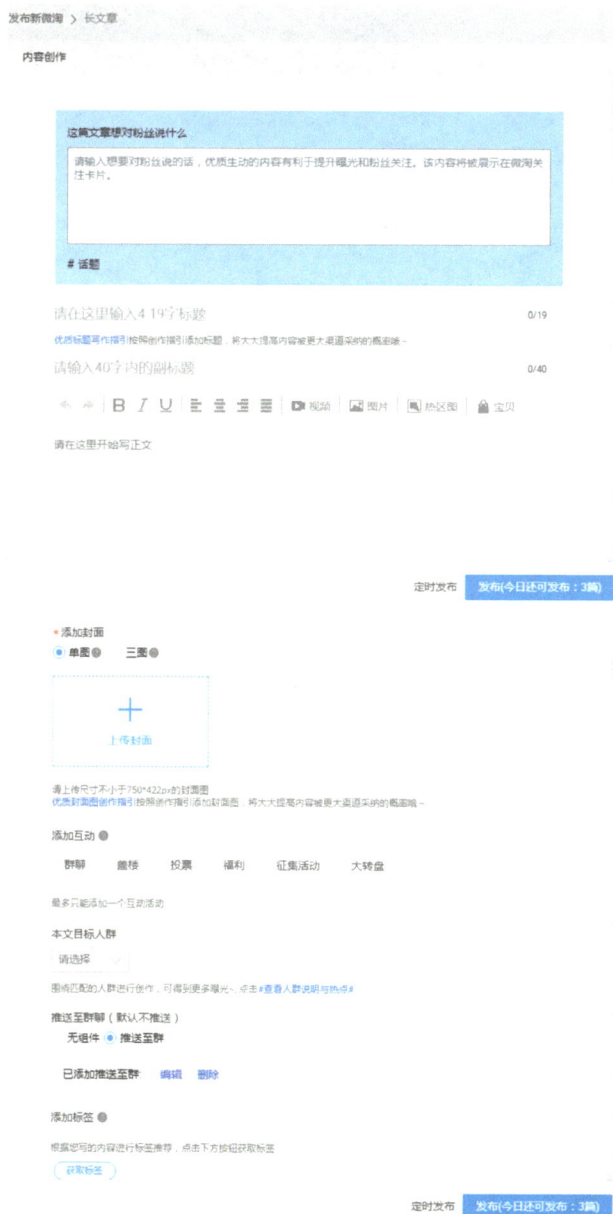

图9-2　设置长文章

9.1.2 淘宝头条

淘宝未来的发展方向是"内容化＋社区化＋本地生活服务"。在这些前提的驱动下，淘宝推出了"淘宝头条"平台（又称为淘头条），如图9-3所示。

图9-3 手机端的"淘宝头条"入口与页面

"淘宝头条"提供了美搭、时尚、美容、数码、母婴、家居、美食等板块。每个板块下面分别提供了不同类目的内容资讯，资讯中可以添加产品链接，不过要注意的是，必须是淘宝链接。

"淘宝头条"受到广大用户的关注和喜爱，据悉每个月有超过8000万消费者通过该平台获取消费类资讯内容。目前，"淘宝头条"的开放对象包括组织、机构及个人（如纸质媒体、电视媒体、业界达人等），前提是必须提供优质内容。

"淘宝头条"目前拥有超过千万的日活跃用户数，一篇优质内容可以收获800万＋的阅读量，一个优质账号8个月订阅粉丝量90多万，平均每月涨粉可达10万＋。另外，"淘宝头条"的内容运营者收益也比较可观，一篇淘宝头条热读文章可以给发布者带来10多万元的佣金收益。

9.1.3 淘宝直播

在互联网时代，对于内容创业者来说，如果选择电商变现的方式，则需要学会运用互联网思维卖货的技巧。淘宝直播就是一个以网红内容为主的社交电商平台，为明星、模特、网红等人物 IP 提供了更快捷的内容变现方式。

在淘宝直播中，大部分的淘宝达人真实身份是淘女郎、美妆达人、时尚博主以及签约模特等，他们的头像下方会显示一个大 V 的标识，如图 9-4 所示。在淘宝直播平台中，发布较多的基本上都是美妆、潮搭、母婴、美食、旅游类产品以及相关的内容形式，这些产品都是互联网中比较受欢迎的类型。

图9-4　淘宝直播

即使是没有开店只帮助商家推荐商品的淘宝达人，也可以从商家处获得佣金收入。在这种互联网电商模式下，直播视频内容充当了流量入口，为商家提供了推广渠道。这种用互联网思维卖货的内容电商模式可以更加精准地把握客户需求，让流量成本更低、转化率更高，具有更多的变现优势，如图 9-5 所示。

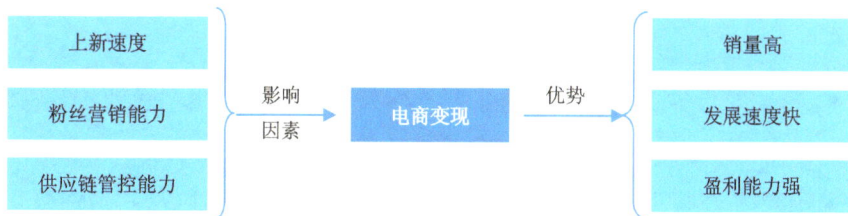

图9-5　电商变现的影响因素与优势

淘宝作为一个购物平台，它的直播基本上都是以商业推广为主。直播的威力不容小觑，例如某明星开淘宝视频直播，观看人数破 12 万，当天就转化 6 万单。虽然普通卖家无法像明星一样达到一呼百应的效果，但至少直播是一种目前非常有效的增加销量的渠道。

9.1.4 **有好货**

淘宝有好货的展示是千人千面的，也就是说不同消费者可以看到不同的内容，商家可以因此获得更加精准的引流效果。有好货更适合那些小而美的商品展示，同时它也是商家新品引流和老品维护的重要平台。

有好货的封面图片一般为尺寸不小于 500px×500px 的正方形，推荐尺寸为 1080px×1080px。另外，有好货的封面图片内容布局设计还需要满足以下要求。

● 一致性：封面图片中出现的商品要和标题、推荐理由以及宝贝详情页面中出售的商品完全一致，如图 9-6 所示。

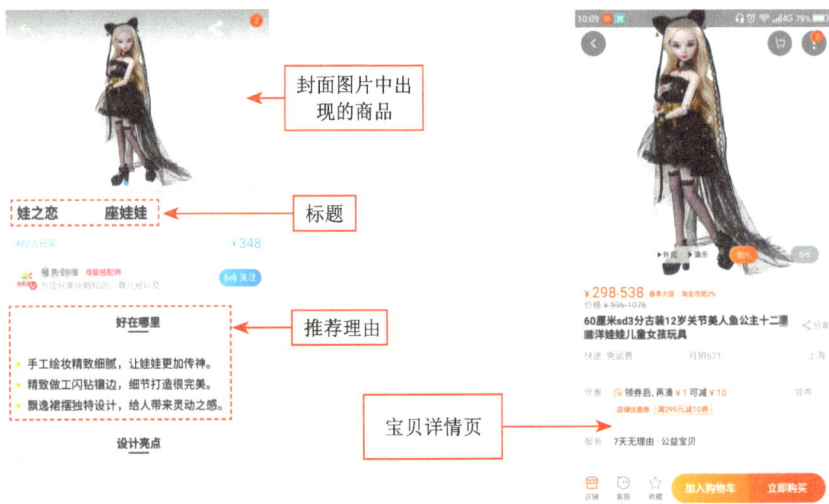

图9-6　封面图片的一致性

● 背景要求：封面图片的背景要干净整洁，可以采用白色背景或者场景图；同时应突出主体，在构图上要尽量完整饱满，且清晰度较高。

● 无"牛皮癣"：封面图片上不能出现水印、LOGO 以及其他多余文字，最好不要用拼接的图片。

● 数量与颜色：除了套装类商品外，一般单张封面图片上只能出现一个商品主体，而且对于有多种颜色的商品也只能挑选其中的一种颜色。

● 模特要求：对于需要使用模特照片的服饰类商品来说，通常只能出现一个模特人物，而且最好不要使用全身照片。（注意：情侣装和亲子装除外。）

● 拍摄角度：在拍摄商品照片时，要选一个可以体现商品全貌、特点以及功能的最佳角度，最好能让买家一眼就能看出这是什么商品。

有好货的目标人群主要是那些追求生活品质的消费者，为他们推荐一些平常难以注意到的精品。对于电商企业来说，有好货为其带来了一个不错的内容流量入口，是提高商品销量的重要渠道，应该好好运用。

9.1.5　爱逛街

爱逛街是淘宝为用户推出的一个专注分享和交流的内容电商平台，其PC端流量入口放置在淘宝主页中醒目的位置，如图9-7所示。

图9-7　爱逛街PC端流量入口

爱逛街的内容形式与蘑菇街比较类似，用户可以在这里给喜欢的商品打分，而且还可以将自己中意的商品上传并分享给其他用户。总的来说，只要商家拥有优质的内容，在爱逛街上面就可以获得很高的流量。同时，越多人分享宝贝就越能提高商品的展示率。而且系统能够根据消费者的喜好，为他们主动推荐他们可能喜欢的商品。

下面介绍一些爱逛街的内容推广技巧，帮助商家快速将自己的内容推荐上首页，以获取更多流量和销量。

- 完整的个人资料、漂亮的头像和宝贝图片能加大收录概率。

- 培养独到的眼光、专业的知识，多分享交流时尚潮流资讯。

- 宝贝专辑的名称必须有创意、时尚，专辑的类别要清晰。

- 每个专辑的宝贝数量要尽可能多一些，以增加收录机会。

- 多鼓励买家帮助自己分享宝贝。

- 保持在爱逛街的活跃度，并多与粉丝以及其他商家互动。

9.1.6　必买清单

面对流量巨大的淘宝达人，淘宝也在不断开发新的入口，以实现内容化、社区化和互动化，更好地满足移动时代的消费需求。"必买清单"便是其中一个做得不错的新品引流和老品维护的入口，如图 9-8 所示。

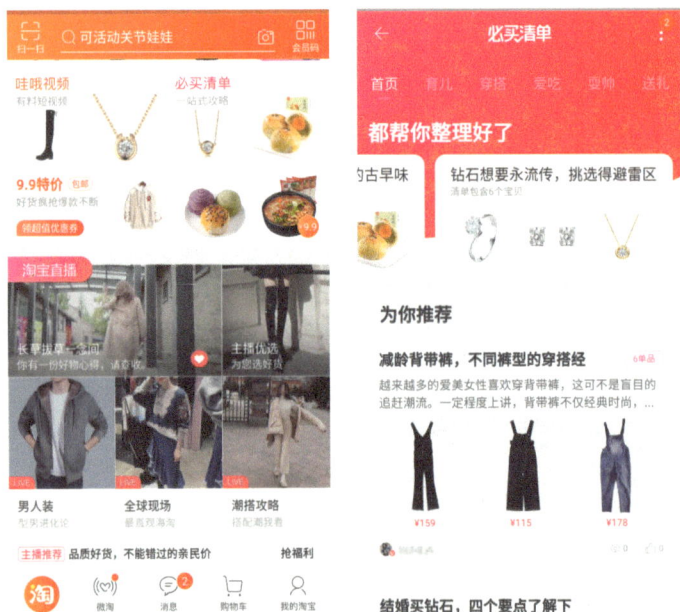

图9-8　"必买清单"的流量入口与主页

图 9-9 所示为清单的内容组成。只要是大 V 或者淘宝达人，都可以在必买清单中提报符合要求的内容，提交审核通过后进行展示。必买清单有一定的提报要求：在某个子活动的清单中，商家可以提报店铺内的两款相关商品，当商品审核通过后，即可出现在相应的清单中。

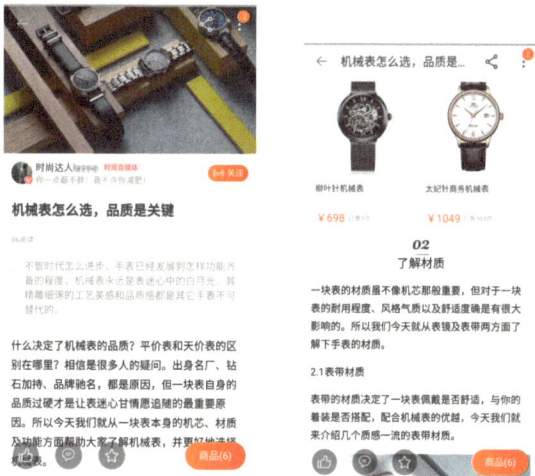

图9-9　清单的内容组成

9.2　有趣、前沿的新媒体内容玩法

新媒体时代的内容电商多以文字、图片、短视频等形式来表现主题。如果卖家想要自己的内容营销在众多的营销策略中脱颖而出，就必须打造符合用户需求的内容，做好内容运营，用高价值的内容来吸引用户、提高阅读量，以此带来更多流量和商机。

9.2.1　拍照：看图拍，提升点击率

在传统电商时代，消费者通常只能通过图文信息来了解商品详情，目前这仍然是淘宝商品的主要展示形式。因此对于商家来说，在进行店铺装修或者上架商品之前，首先要拍一些好看的照片。照片要漂亮，更要真实，必须能够引起消费者的兴趣，这就有一定的要求了。

要拍出清晰的照片，必须找到一个适合拍摄的环境，再根据环境准备相应的摄影设施。在拍摄过程中可运用三脚架或一些支撑相机的支撑点，防止拍摄中的抖动，避免拍出来的照片模糊。另外，还需要掌握一定的产品摆放与拍摄技法，才能拍出好的商品照片。

（1）简易的布光配合专业的拍摄效果。要拍出好看的商品照片，布光相当重要，好的布光可以让画面更清晰，同时突出商品主体。

（2）运用构图。在拍摄淘宝商品时，对画面中的主体进行恰当的摆放，使

画面看上去更有冲击力和美感，这就是构图。例如，均分构图法就是将商品主体放置在画面中心进行拍摄，将画面的垂直或者水平画幅进行均分。这种构图方法能够很好地突出商品主体，让买家很容易就能看见图片上的重点，从而将目光锁定对象，了解图片想要传递的信息。均分构图法最大的优点在于主体突出、明确，而且画面容易达到左右平衡的效果，使得构图简练，如图 9-10所示。

图9-10　均分构图法

（3）摆放要合理。拍摄商品时，摆放的位置是一种非常重要的陈列艺术，不同的造型和摆放方式可以带来不同的视觉效果。

（4）多拍细节图。在淘宝店铺中，每个商品都有它自己独特的质感和表面细节，在拍摄的照片中表现出这种质感细节，可以大大地增强照片的吸引力。

（5）真实感要强。商品的照片一定要真实，商品照片必须符合消费者的视觉习惯。因此，拍摄前一定要做相关消费人群的调研，他们喜欢什么样的风格，我们就拍摄什么样的照片或者做相关的后期。如果是服装类和鞋类商品，最好使用模特拍摄，这样更有真实感，可以给消费者一个良好的购物体验。

9.2.2　短视频：直观展示产品卖点

随着消费者需求的变化和新媒体的发展，淘宝、天猫以及微店等电商平台都推出了短视频的营销形式，即在页面中插入关于商品介绍的视频，让消费者可以更直观地了解到商品的外观、用法与各种细节等，给消费者带来最直接的产品演示，同时也让店铺和产品的未来有更好的发展，如图 9-11 所示。

初次拍摄视频，肯定对提前需要做什么准备工作都不甚了解。实际上，拍摄前需要掌握的知识往往是最重要的，它决定了视频是否能够拍出高水平和高质量。

图9-11 商品主图短视频

（1）拍摄设备。拍摄设备主要包括摄像机、单反相机或者智能手机。其中，摄像机和单反相机比较适合对画面质量有高要求的卖家使用，同时需要配合专业的镜头和合理的参数设置，以及掌握一些摄影知识，这样才能将画面拍摄得更加精美。如果你只需要简单地拍一些商品外观，那么手机就可以满足你的需求。但是，手机拍摄还需要一些辅助设备，如三脚架、灯光和静物台等。

（2）摆台思路。在拍摄视频前，卖家先要想好如何拍，要拍一些什么，提前在脑海里演练一下，或者做一些具体策划，这样不至于在拍摄时无从下手。如果没有特别好的摆台思路，身边也没有什么增强意境的装饰物，也可以直接利用静物台来摆放商品。采用45°角的拍摄角度，通常可以获得不错的视频画面效果，如图9-12所示。

（3）布光技巧。淘宝视频大多采用三点布光法，这就是为什么前面说要准备3盏摄影灯，如图9-13所示。

● 主光：用于照亮商品主体和周围的环境。

● 辅助光：通常其光源强度要弱于主光，主要用于照亮被拍摄对象表面的阴影区域，以及主光没有照射到的地方，可以增强主体对象的层次感和景深效果。

● 轮廓光：主要是从被拍摄对象的背面照射过来，用于突出产品的轮廓。一般采用聚光灯，其垂直角度要适中。

（4）拍摄视频。最后一步就是视频的拍摄了，商家可以查阅相机或者手机的说明书来查看设备具体的使用方法，这里不再赘述。在拍摄淘宝产品视频时，一定要多注意拍摄角度，可以从多个方向和角度进行拍摄，如俯视、仰视、平视、微距、正面、侧面以及背面等。可以拍摄多段视频，通过后期进行剪辑处理，让视频内容看起来更加丰富。

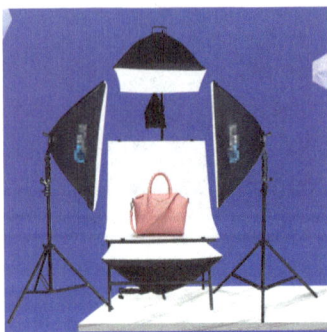

图9-12　利用静物台摆放商品

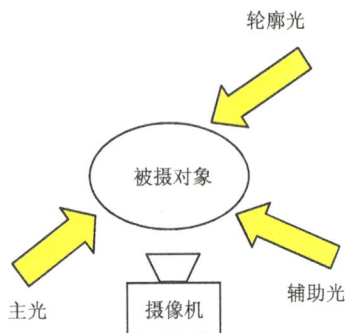

图9-13　三点布光法

9.2.3　动图：产品动态展示

GIF 动态图片以生动形象的特点博得了大家的喜欢，其非常适合用于动态展示产品特点，以突出图片中的特殊宣传信息，如图 9-14 所示。

图9-14　GIF动态图片

卖家可以使用在线制作 GIF 工具或者 Photoshop 来制作动图。其中，在线制作 GIF 工具可以制作一些简单的动图效果，只需要将多张素材图片拖到网页中，即可自动生成一张动图，如图 9-15 所示。

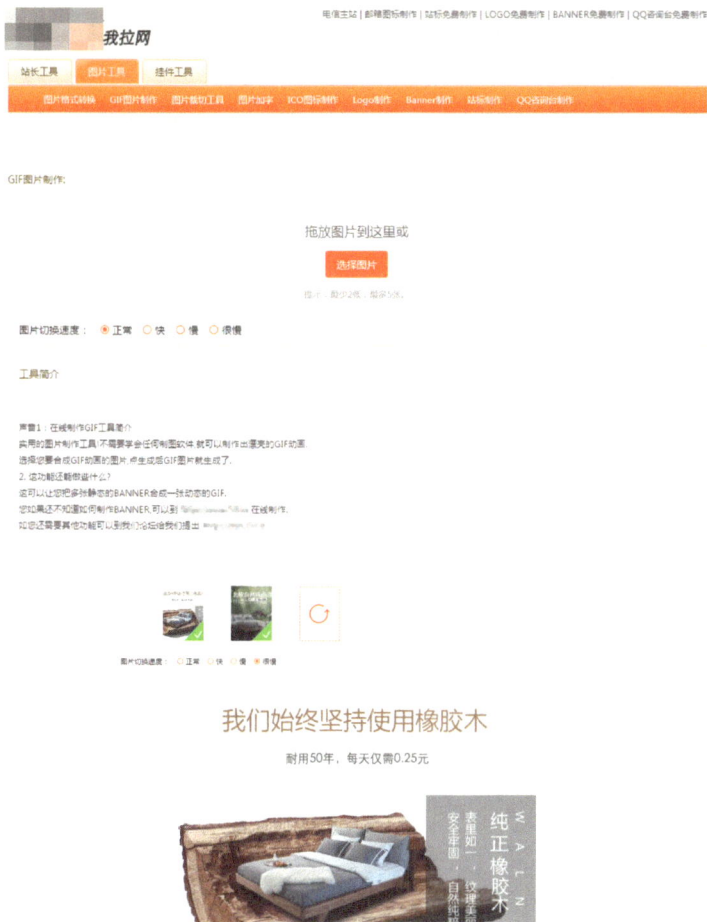

图9-15　制作动图

9.2.4　全景图: 360° 大场景展示

　　全景图不仅可以在照片中扩展人们的视野,带来"浸入式"的看图体验,而且能够满足更多的摄影创作和商业需求。同时,全景摄影可以与各种多媒体形式相结合来展现,如音频、视频、文字、动画、网页等都可以添加到全景作品中,以增强人们的观赏欲望。全景图突破了普通相机固定的宽高比画幅限制,可以覆盖四面八方,包括水平 360° 和垂直 360° 方向上的景物,人们在欣赏时能够全方位、全视角地查看商品照片,如图 9-16 所示。

　　当然,使用传统相机是无法直接拍摄出全景图的,需要经过复杂的操作拍摄多张图片,然后通过后期拼接合成才能获得全景效果。如今,大部分的相机甚至手机都具备了"傻瓜式"的全景拍摄功能,无需后期处理即可轻松获得全景图。

图9-16　使用全景图展示商品

9.2.5　3D、AR、VR：把前沿技术融入产品

如今，电商应用的技术越来越多，增强了应用的体验性，并能吸引用户参与、分享。因此，卖家也需要掌控时下流行的核心体验技术，如 3D、AR、VR 等，为店铺运营注入更多前沿玩法，抢占市场营销高地。

（1）3D：3D 即三维，给相关元素添加 3D 旋转技术，可以让画面更加动感，非常适合产品图片滚动切换展示以及各种产品图片的场景应用。

（2）AR：增强现实（Augmented Reality，简称"AR"）其实是虚拟现实的一个分支，它主要是将真实的环境和虚拟环境叠加在一起，然后营造出一种现实与虚拟相结合的三维情境，大大增强了人们的感官体验。

（3）VR：虚拟现实（Virtual Reality，简称"VR"）可以创建出一个虚拟世界，增强用户的体验感，同时可以提供更多的交互方式。图 9-17 所示为合肥银泰城 VR 全景商城，画面场景非常真实生动，给消费者带来了非常新颖的视觉效果。

图9-17　合肥银泰城VR全景商城

▶ 专家提醒

　　VR 技术为我们带来了一种全新的场景化营销模式，VR 的真实感和沉浸感，让我们可以随时随地体验到不同的虚拟化生活场景。因此，卖家可以将自己的产品、理念等品牌因素嵌入这些虚拟场景中，使人们的消费观、价值观潜移默化，从而达到自己的营销目的。

9.2.6　H5 互动：丰富的用户互动方案

　　H5（HTML5 的简称）是伴随着移动互联网兴起的一种新型营销工具。由于它是移动互联网的衍生物，因此也具有很多移动互联网的营销优势，如娱乐化、碎片化、社会化以及互动性强等。如今，H5 已经成为各行各业必不可少的内容营销工具，可以帮助企业更好地"吸粉"引流、销售产品。

　　H5 有多种交互方式，如助力型游戏、节日型游戏、竞技型游戏以及行业型游戏等，可以帮助企业更快地"涨粉"。H5 内容营销的根本目标是增加产品营业额。需要注意的是，如果用网站建设的思维来定义 H5，那么 H5 的主要作用就变成了信息展示平台，而不是一个增加产品营业额的途径。

　　图 9-18 所示为某化妆品的 H5 营销页面。它不但可以全方位地展示商品，让买家对商品产生浓厚的兴趣，而且还可以在页面尾端添加相关的店铺或者商品购买链接，让用户可以及时下单支付。

图9-18　通过H5页面推广和销售商品

9.3 借助热门新媒体平台做内容营销

借助热门新媒体平台做内容营销吸引粉丝群体，最终目的是获得产品转化。而这里的粉丝不仅仅是指关注你的人，更是指信任你和你的产品的人。要想获得更多消费者的信任，就要在给粉丝分享内容的时候展示自己在某些方面的专业性。并且，网络中的"信任值"是由"文字→声音→视频→见面"逐级递增的。因此，卖家在分享内容的时候，可以合理运用这个信用增加的小窍门。例如，当买家关注卖家的店铺并建立起基础信任以后，卖家可以发店铺红包，然后进行语音聊天等简短的互动；紧接着就可以送一些小礼物，建立起中度信任；最后，在与买家互动的过程中延续店铺生命周期。

那么，卖家可以借助哪些平台来吸引粉丝，用内容营销来增强粉丝黏性，或者直接做内容电商来实现产品销售呢？本节将介绍内容电商运营会用到的五大热门新媒体平台，包括微信、微博、今日头条、百度和阿里等。

9.3.1 微信公众平台（公众号）

在移动互联网时代，电商企业进行内容运营的工具主要有两种，一种是企业自主研发的 App，另一种就是以微信为代表的社交平台。

微信的火热带动了微信公众号的品牌运营，微信公众号已经成为企业品牌宣传的一个窗口，企业的内容运营离不开微信平台提供的运营机会。下面主要介绍微信公众号的内容运营技巧。

1. 创作有个性、有价值的内容

在微信公众平台的内容方面，要把握好以下两点。

（1）个性化内容：个性化的内容不仅可以增强用户的黏性，使用户持久关注，还能让企业微信公众号在众多公众号中脱颖而出，如图 9-19 所示。

（2）价值型内容：在利用微信公众号进行内容运营的过程中，商家一定要注意内容的价值和实用性。这里的实用是指符合用户需求，对用户有利、有用、有价值的内容。

2. 加强内容的互动性

通过微信公众平台，商家可以多发起一些有趣的活动，以此来调动用户参与活动的积极性，从而拉近商家与用户的距离。除了发布活动之外，还可以通

过其他方式与用户进行互动，例如，通过问卷调查了解用户的内在需求或设置各类专栏与用户展开积极的互动等。

图9-19　个性化的公众号内容

商家可以将互动信息和内容电商结合起来进行推广，因为单纯的互动信息推送缺乏趣味性，如果和内容相结合，就能够吸引更多的人参与到互动活动中。

3. 激起用户的好奇心

企业在微信公众号打造内容电商的时候，想要让用户认真地看完内容，就要用能够激起好奇心的内容来引发他们阅读全篇的欲望。具体做法是可以在开头的内容上多下功夫，一开始就激发用户的好奇心要比其他方法效果好得多。

9.3.2　微博创作者平台（微博号）

微博是继新媒体发展后新兴的一种媒体形态，它通过一对多的互动交流方式，以及快速广泛传播的特性，为企业带来了良好的产品推广平台。

微博以一种新兴的社交媒体软件的形象出现在大众的视野，渐渐地发展成广大商家用来进行营销的一个有力平台。微博具有超强的聚集人气的力量，是广大内容电商运营者进行运营的好选择。商家在微博上进行内容营销，最好的方法是将微博内容控制在 140 字以内。虽然商家可以发长微博，但人们不会花费太多的时间去仔细查看字数太多的微博，因为人们对精简的微博内容会更感兴趣一些。但是发 140 字微博内容也需要注意以下技巧，如图 9-20 所示。

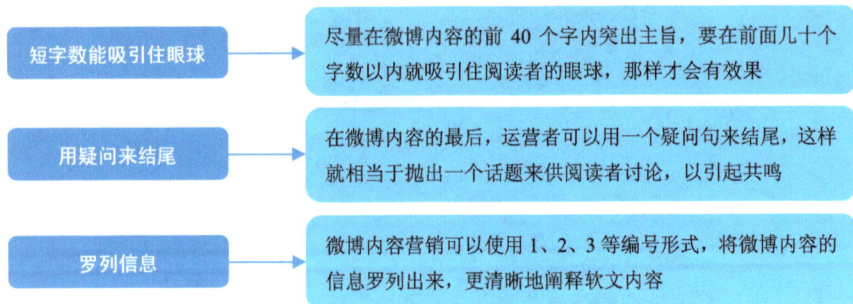

短字数能吸引住眼球	尽量在微博内容的前 40 个字内突出主旨，要在前面几十个字数以内就吸引住阅读者的眼球，那样才会有效果
用疑问来结尾	在微博内容的最后，运营者可以用一个疑问句来结尾，这样就相当于抛出一个话题来供阅读者讨论，以引起共鸣
罗列信息	微博内容营销可以使用 1、2、3 等编号形式，将微博内容的信息罗列出来，更清晰地阐释软文内容

图9-20　微博内容的创作技巧

微博用户碎片化阅读特征非常明显，因此，商家在运用微博进行内容传播时，要注意微博内容发送的时间段，以获得更多的关注。一般在上班时间段（8：00 ～ 9：00）和工作日下班后的时间段（18：00 ～ 23：00）内容营销价值比较大，这个时候的转载率是最高的，主要原因如图 9-21 所示。

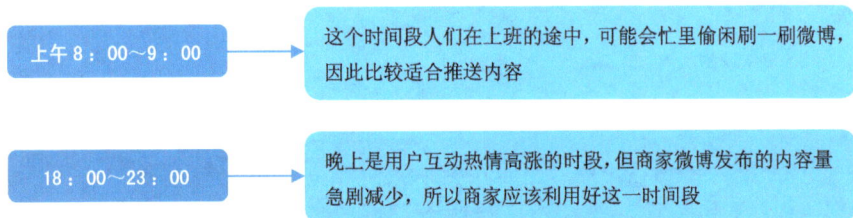

上午 8：00～9：00	这个时间段人们在上班的途中，可能会忙里偷闲刷一刷微博，因此比较适合推送内容
18：00～23：00	晚上是用户互动热情高涨的时段，但商家微博发布的内容量急剧减少，所以商家应该利用好这一时间段

图9-21　微博内容发布的主要时间段

另外，商家在微博热门话题中，可以找到热门微博、热门话题、综合热搜榜等方面的内容，如图 9-22 所示。因此，商家可以借助时下的热门话题来吸引人们的关注，将电商内容和热门话题相结合，有效地提高用户的关注度。热门话题的用户阅读量通常都比较高，拥有强大的流量，这对内容电商运营者进行营销推广来说是非常有利的。

▶ 专家提醒

　　商家可以分析微博用户的标签，然后按照年龄、性别等方式对他们进行归类。如果你的目标客户正好和某一人群重合，那这类微博用户就是你的潜在客户，此时即可利用手中的内容来吸引这一人群。

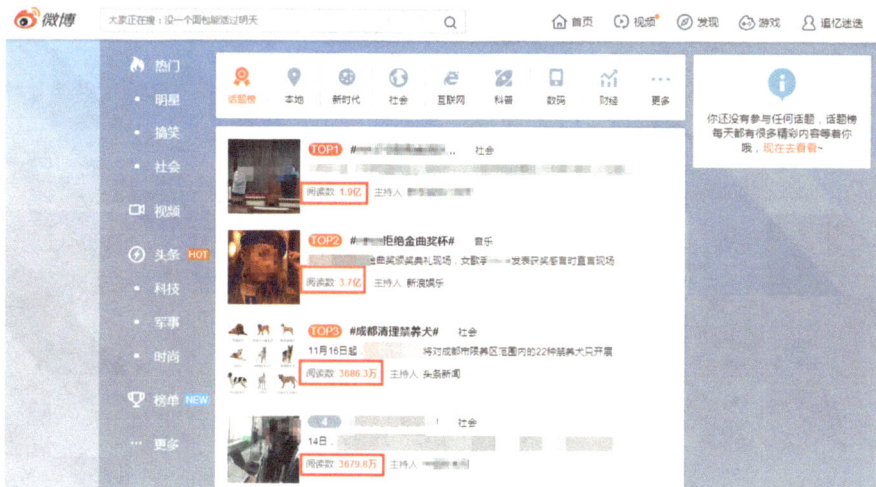

图9-22　微博热门话题

9.3.3　今日头条（头条号）

今日头条是当下非常火热的资讯平台，其旗下还推出了抖音短视频、火山小视频、西瓜视频、悟空问答、微头条等多款热门产品，来掘金内容电商市场。另外，今日头条还推出了头条号，通过高分成和高佣金来吸引大批自媒体人入驻。截至 2017 年 10 月，"头条号"平台的账号数量已超过 110 万个。

过去，自媒体人只能通过用户"赞赏"来实现内容变现。如今，头条号也加入了电商功能，自媒体人可以通过内容来引导消费者产生消费行为。自媒体人可以通过内容导购和分佣变现模式，来实现更多的收益。

"头条号"平台推出"商品"功能，自媒体人在发表文章或者图集时，可插入与内容相关联的商品链接，并获取成交佣金收益。当用户看到你发布的头条内容后，只要点击其中的商品卡片，即可跳转到商品详情页，完成购买行为，如图 9-23 所示。在内容中嵌入电商的功能，打通了阅读场景和消费场景，头条号作者可以向自己的粉丝推荐他们感兴趣的内容和产品，同时扩展更多盈利空间。

9.3.4　百度自媒体平台（百家号）

百家号是百度针对互联网内容创业者开发的一个新媒体平台，囊括了来自互联网、时政、体育以及人文等多个领域的自媒体人，如图 9-24 所示。

图9-23　头条号的“商品”功能

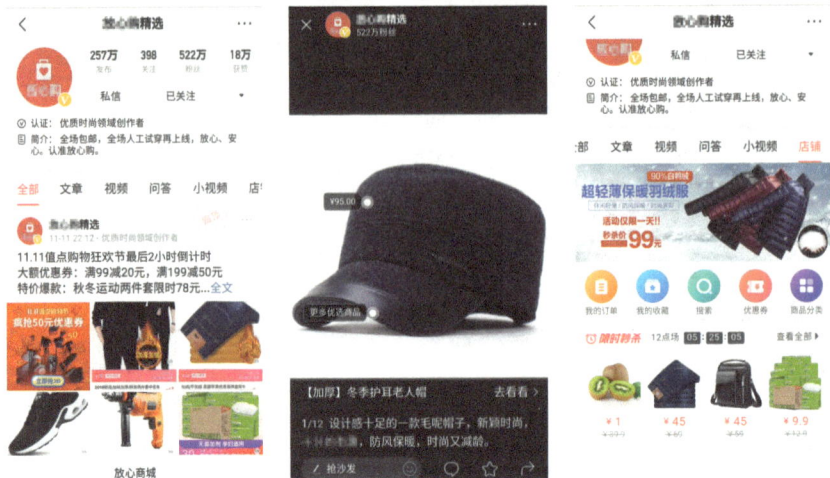

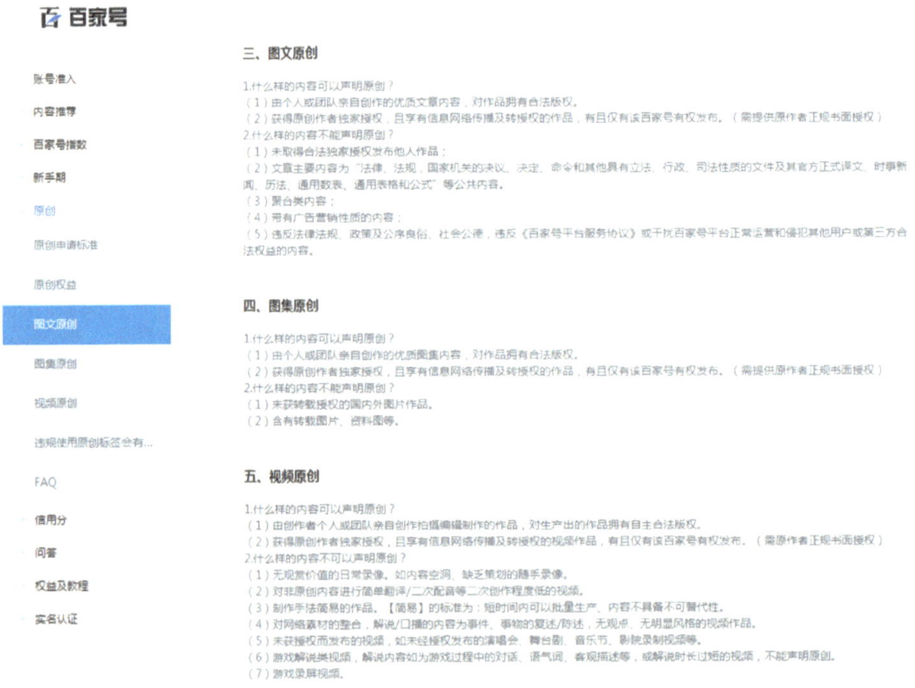

百家号

账号准入
内容推荐
百家号指数
新手期
原创
原创申请标准
原创权益
图文原创
图集原创
视频原创
违规使用原创标签会有...
FAQ
信用分
问答
权益及数程
实名认证

三、图文原创

1.什么样的内容可以声明原创？
（1）由个人或团队亲自创作的优质文章内容，对作品拥有合法版权。
（2）获得原创作者独家授权，且享有信息网络传播及转授权的作品，有且仅有该百家号有权发布。（需提供原作者正规书面授权）
2.什么样的内容不能声明原创？
（1）未取得合法独家授权发布他人作品；
（2）文章主要内容为“法律、法规，国家机关的决议、决定、命令和其他具有立法、行政、司法性质的文件及其官方正式译文、时事新闻、历法、通用数表、通用表格和公式”等公共内容。
（3）聚合类内容；
（4）带有广告营销性质的内容；
（5）违反法律法规、政策及公序良俗、社会公德，违反《百家号平台服务协议》或干扰百家号平台正常运营和侵犯其他用户或第三方合法权益的内容。

四、图集原创

1.什么样的内容可以声明原创？
（1）由个人或团队亲自创作的优质图集内容，对作品拥有合法版权。
（2）获得原创作者独家授权，且享有信息网络传播及转授权的作品，有且仅有该百家号有权发布。（需提供原作者正规书面授权）
2.什么样的内容不能声明原创？
（1）未获转载授权的国内外图片作品。
（2）含有转载图片、资料图等。

五、视频原创

1.什么样的内容可以声明原创？
（1）由创作者个人或团队亲自创作拍摄编辑制作的作品，对生产出的作品拥有自主合法版权。
（2）获得原创作者独家授权，且享有信息网络传播及转授权的视频作品，有且仅有该百家号有权发布。（需原作者正规书面授权）
2.什么样的内容不可以声明原创？
（1）无观赏价值的日常录像。如内容空洞、缺乏策划的随手录像。
（2）对非原创内容进行简单翻译/二次配音等二次创作程度低的视频。
（3）制作手法简易的作品。【简易】的标准为：短时间内可以批量生产、内容不具备不可替代性。
（4）对网络素材的整合，解说/口播的内容为事件、事物的复述/陈述，无观点、无明显风格的视频作品。
（5）未获授权而发布的视频，如未经授权发布的演唱会、舞台剧、音乐节、影院录制视频等。
（6）游戏解说类视频，解说内容如为游戏过程中的对话、语气词、客观描述等，或解说时长过短的视频，不能声明原创。
（7）游戏录屏视频。

图9-24　百家号的原创内容形式和要求

对于互联网内容创作者，百家号专门开辟了一个“作家”频道，目前包括互联网、高管、文化、娱乐、体验以及财经等内容类型。另外，百度百家号还引用了“百家争鸣”的形式，经常会以“辩论”的形式展开一些热门话题讨论，来引起用户关注与参与。百度百家号通过百度联盟的商业模式，让互联网内容与企业广告实现良性的交互转换，无缝对接内容创作者、读者以及他们之间的传播者。

但百度百家号不接受普通用户的投稿，只有注册用户才能在该平台上发布文章。用户可以注册百家号账号来实现内容发布、内容变现和粉丝管理等操作。用户需要根据自己的真实情况填写相关信息，完成后提交，等待系统审核即可。当系统审核通过后，会将审核结果发送至用户注册时填写的手机号码或者邮箱。

9.3.5 阿里大文娱平台（大鱼号）

作为近来比较火热的在线视频渠道，大鱼号的显著优势主要体现在打通了优酷、土豆以及 UC（UC Browser，浏览器）三大平台的后台，同时在大鱼号的登录页面也有优酷和土豆的品牌标识，如图 9-25 所示。

图9-25 大鱼号首页

大鱼号的收益方式主要包括 3 种，一是广告分成，二是流量分成，三是大鱼奖金升级。

首先来看广告收益。如果用户想要获取广告分成，满足几项条件中的一项即可，具体如下。

- 大鱼账号达到 5 级以上。
- 已经开通原创保护功能。
- 阅读量达到了相应标准。

其次是流量分成。获取流量分成的要求比较简单，只要大鱼账号达到 5 星即可。

最后是大鱼奖金升级。报名争取奖金的门槛并不低，而且需要满足较多的条件，其中有一些条件是必须满足的，但也有一些条件是满足其中一项即可，具体如图 9-26 所示。

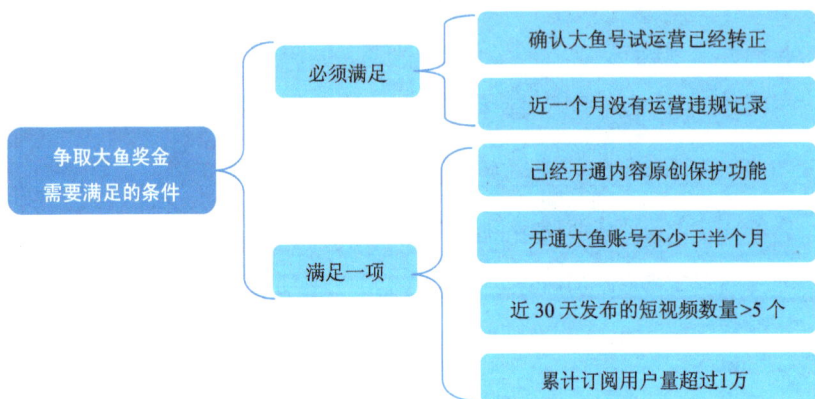

图9-26　争取大鱼奖金需要满足的条件

爆款打造篇

第 10 章

数据选品：
协助卖家打造热销爆款

　　打造爆款的首要条件就是选品。只有优质产品才能经得起市场和消费者的考验，才能经久不衰地立于市场高地，受到广大消费者的喜爱。尤其是在数据化时代的背景下，"选择大于努力"这句话变得越来越重要。本章将介绍数据选品的方法，以帮助卖家打造热销爆款。

10.1 店铺产品规划：五大类别

在经营淘宝天猫网店时，生意的好坏首先取决于产品，选择什么样的产品去卖非常重要。很多卖家看到别人的店铺中爆款多、销量好，难免会心生羡慕。其实，只要用对方法，你也可以打造自己的爆款产品。

店铺的产品规划主要分为 5 个类别，分别为爆款、引流款、形象款、定制款和利润款。卖家需要进行合理的产品结构分配，才能达到理想的运营效果。

10.1.1 爆款：高流量、高销量

爆款是所有卖家追求的产品。显而易见，其主要特点就是非常火爆，具体表现为流量高、转化率高、销量高。不过，爆款通常并不是店铺的主要利润来源，因为大部分爆款都是性价比比较高的产品，这些产品的价格相对来说比较低，因此利润空间也非常小。

卖家在规划爆款产品时，最好一个店铺只安排 1 ~ 2 件产品来打造爆款。尤其是在爆款前期，尽量不要考虑盈利，要把利润降低，具体可以设置在 -1% ~ 0%。也就是说，卖家即使完全不赚钱，甚至亏一点点钱，也要把爆款打造出来。爆款的主要作用是给店铺创造更多的收益机会，帮助店铺打开销售市场，其好处如图 10-1 所示。

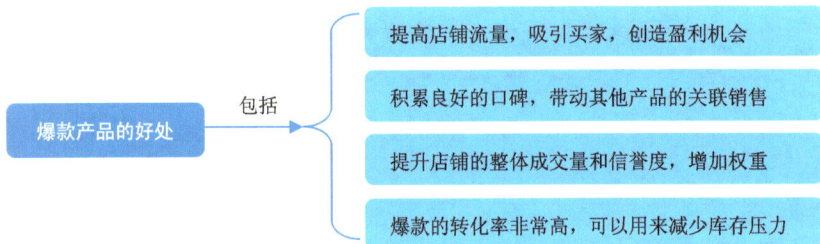

爆款产品的好处 —— 包括 ——
- 提高店铺流量，吸引买家，创造盈利机会
- 积累良好的口碑，带动其他产品的关联销售
- 提升店铺的整体成交量和信誉度，增加权重
- 爆款的转化率非常高，可以用来减少库存压力

图10-1 爆款产品的好处

10.1.2 引流款：高性价比、走量

引流款的主要作用就是给店铺商品引流，为店铺带来更多潜在消费者。引流款产品主要用于走量，因此性价比也非常高，但利润比爆款产品要稍微高一些，在不亏本的基础上上浮一点点，通常利润预期为 0% ~ 1%。

引流款要起到为整个店铺引流的作用，件数就不能设置得太少，一个店铺

可以设置 5 个引流款产品，可以降低卖家的成本投入。同时，引流款产品可以与爆款产品相结合，这样引流效果会更好。引流款的好处和选择方法如图 10-2 所示。

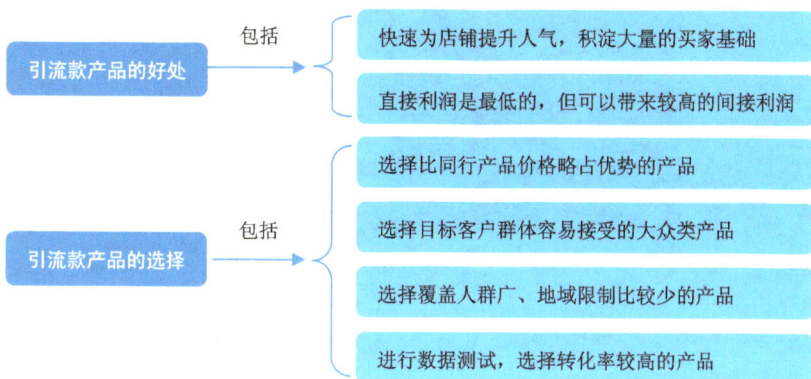

图10-2　引流款的好处和选择方法

10.1.3　形象款：高品质、高调性

形象款产品的主要功能是体现店铺的品牌调性，同时增强品牌信任感。一个店铺可以设置 3 ~ 5 个形象款产品，尽可能挑选一些品质高、调性高和客单价高的极小众商品，避免同质化，给买家留下独一无二的印象。形象款产品的主要优势和特点如图 10-3 所示。

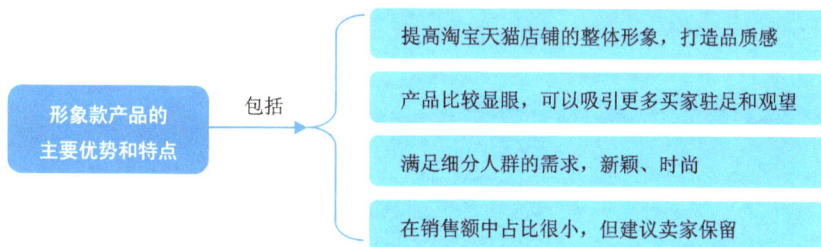

图10-3　形象款产品的主要优势和特点

10.1.4　定制款：满足个性化消费

定制款通常是指为有个性化需求的客户量身定制的产品，如定制服装、鞋类、家具、礼品、钻戒以及活动道具等，以满足买家追求品质和个性的心理，如图 10-4 所示。定制款产品每个品类设置 1 ~ 2 款即可，价格可以比普通大众款更高一些，卖家可以根据自己的实际成本来进行调整。

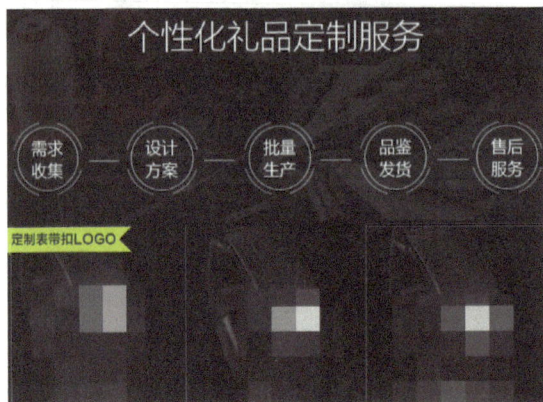

图10-4　定制款产品

10.1.5　利润款：达到利润最大化

店铺的最终运营目标是盈利，想要盈利就离不开利润款产品。可以说，店铺中除了爆款和引流款，其他产品都要能够产生收益，都可以成为利润款。

利润款产品的重点在于计算出合理的利润率，卖家可以根据商品预期利润率的估值来设定。利润款产品的主要特点就是利润高，但流量比较少。在规划店铺的利润款产品时，可以运用"二八原则"，即利用 20% 的产品为卖家带来80% 甚至更多的利润。利润款产品的运营技巧如图 10-5 所示。

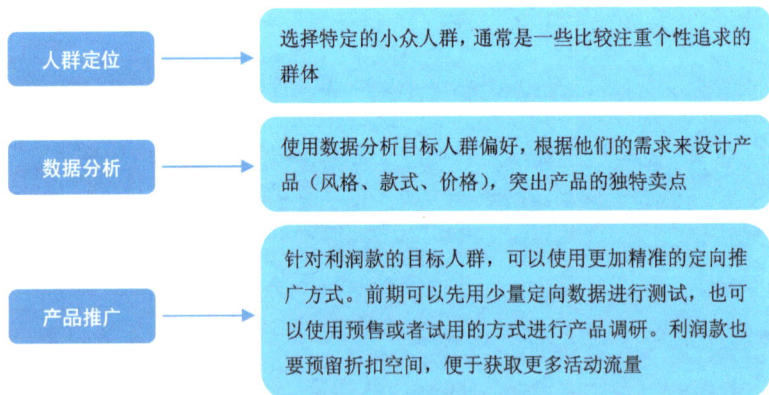

图10-5　利润款产品的运营技巧

10.2　爆款选品原则：三大原则

当店铺列表页出现一堆商品的时候，如何让消费者一眼就看到你的商品并且点击你的商品呢？这就是所谓的点击率，卖家要想提升店铺商品的点击率，可以从选品和图片两个方面来优化。图片内容的视觉设计前面已经详细介绍过了，这里重点讲解优化选品的方法。

一个产品之所以能被卖家选为爆款产品，一定有它自己的独特之处，这是区别于其他同款产品的优胜点。本节主要介绍爆款选品的三大原则，帮助卖家快速找到适合自己店铺的爆款产品。

10.2.1　选择有市场的品类

选品的第 1 个原则就是选择有市场的品类，具体方法如下。

（1）流行趋势指导选款，如果你是个大卖家，店铺基础很好，可以分析一下目前的行业走势，直接选需求量最大的、最符合市场需求的产品。

（2）做自己最熟悉或者感兴趣的品类，这样上手更快，而且面对问题也可以自己解决，成功的概率会更高一些。

（3）如果你是中小型卖家，则可以选择竞争相对较小的品类，这样做成功的机会更大。

以比较常见的女装为例，首先，选择的商品最好是适合 18 ~ 28 岁的年轻女性，因为这个年龄阶段的女性是店铺最大的买家群体；在衣服的风格上，应该选择当下年轻女性喜欢的日韩系风格。不要选那种常常看到的偏老气的款式，也不要选那种一直摆着老气姿势的模特穿衣服，有时随意的一拍，让商品呈现的效果显得更为真实。

抓住了市场大势的产品，即使卖家很少推广甚至不去推广，只是进行正常的运营，也能拥有好的销量，而后期推广还会起到锦上添花的作用。

10.2.2　选择有价值的品类

爆款产品通常是自带流量、自带话题、自带市场的，卖家要做的只是将产品推广出去，让更多人能够看到这个产品。那么，市场上的产品这么多，卖家如何选择呢？这里要说的就是爆款选品的第 2 个原则，即选择有价值的品类。

那么，如何选择有价值的品类呢？卖家可以调查自己店铺的目标客户人群，分析他们眼中的价值是什么，找到他们的痛点、痒点、尖叫点等。

痛点是指产品具有解决买家核心需求的价值，痒点是指产品有提升买家满足心理的价值，而尖叫点则是指产品超出买家预期的价值。例如，下面这款茶几产品，除了放杯盘茶具的功能外，还给消费者带来了更多的价值，如健康环保、加厚板材、多色可选、双层储物、结实耐用等，从而打动人心，取得火爆的销量，如图 10-6 所示。

图10-6　茶几产品给用户提供的更多价值

10.2.3　选择有优势的品类

爆款选品的第 3 个原则就是选择有优势的品类，即找出你在这个行业的优势，用优势去提升产品的影响力。尤其对于广大的中小卖家来说，最应该选择的其实是自己最喜欢、最熟悉的一个行业品类。不管是库存、经营还是供应链等方面，你都会更有优势，这样做起来也会更加得心应手。

总之，卖家要锁定自己的优势类目，做出自己的特色，选择自己最有优势的产品，然后利用行业数据挖掘属于自己的风格，这才是打造爆款产品的正道。运用行业数据分析爆款选品的运营思路如图 10-7 所示。

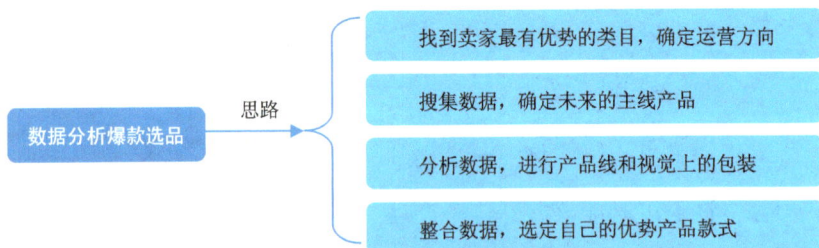

图10-7　数据分析爆款选品

10.3　数据选品工具：阿里指数

阿里指数是阿里巴巴基于大数据研究的社会化数据展示平台，提供地域和行业角度指数化的数据分析、数字新闻说明以及社会热点专题发现。阿里指数包括区域指数和行业指数两部分，下面分别介绍使用这些功能选品的技巧。

10.3.1　区域指数分析选款

区域指数显示的是不同地区的贸易往来、热门类目、搜索词排行、买家概况以及卖家概况等数据，可以帮助卖家从地区角度看贸易动向、市场态度、人群特征，并发现区域动态，进而获悉经营产品在特定地区的发展态势。

（1）贸易往来：可以查看相应省份与全国各省间的交易情况。

（2）热门类目：查看该地域热门交易的二级类目，"热买"即说明买家热衷购买类目的交易主要来自该地区，"热卖"即说明卖家热门销售类目的交易主要来自该地区。

（3）搜索词排行：卖家可以通过搜索词排行找到相应地区的热门关键词搜索榜和涨幅榜，从中找到与自己店铺相关的产品热词，如图 10-8 所示。

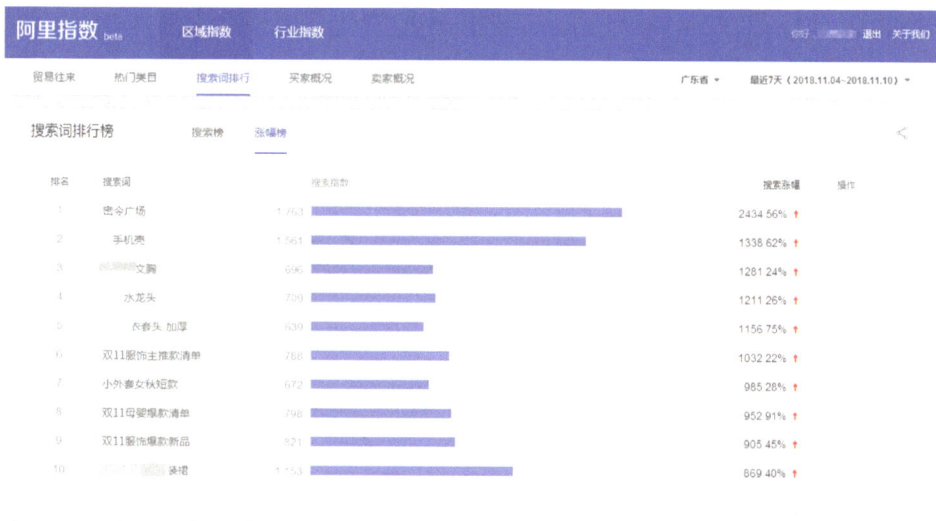

图10-8　区域搜索词排行数据分析

（4）买家概况：分析指定地区的买家数据，包括性别占比、年龄阶段占比、爱好（喜好度）、淘宝会员等级占比、终端偏好占比等，可以帮助卖家刻画该区域的用户画像，如图 10-9 所示。

（5）卖家概况：根据主营行业占比（根据卖家经营商品所属二级类目计算）和经营阶段占比等数据，分析该地区的淘宝天猫卖家和经营类目情况。

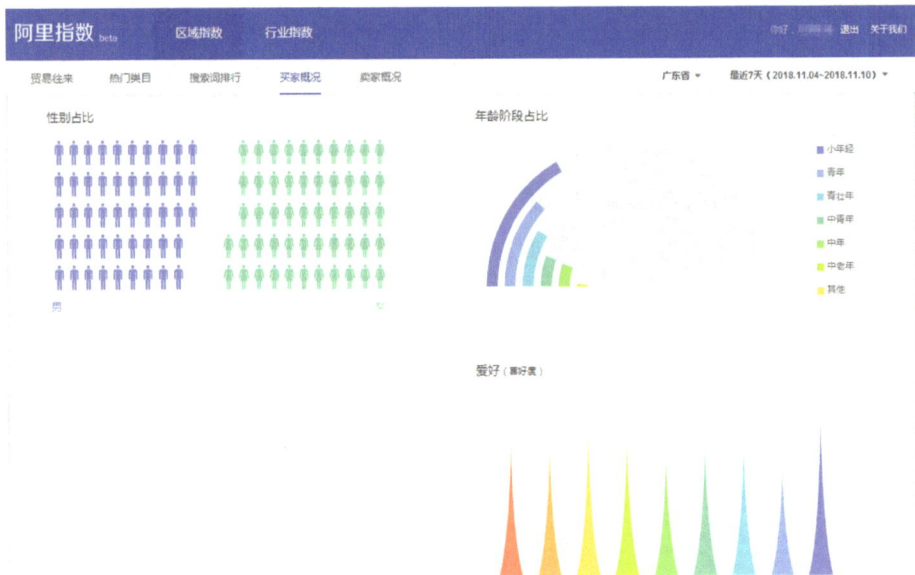

图10-9 区域买家概况数据分析

10.3.2 行业指数分析选款

通过行业指数，卖家可以了解一个行业的现状，从行业角度定位产业带、消费热点、人群特征，了解行业内卖家及买家群体概况，从而发现热门商品。行业指数包括各行业的搜索词排行、热门地区、买家概况和卖家概况等数据情况。

（1）搜索词排行：设置想要查看的行业类目和时间范围后，即可查看该行业关键词搜索榜和涨幅榜数据，如图 10-10 所示。

在相应搜索词右侧的"操作"区中点击趋势图图标 ，即可查看该搜索词近期的搜索指数趋势图，如图 10-11 所示。

> ▶ **专家提醒**
>
> 在打造爆款之前，卖家可以通过阿里指数工具查看后台数据，以过去一个星期或者一个月的行业类目搜索数据作为选择爆款的重要参考数据，同时分析店铺内商品的浏览量和成交情况，筛选可推广的潜力商品。

（2）热门地区：包括"热买"和"热卖"两个功能，"热买"即指类目下的购买主要来自该地区，"热卖"即指类目下的销售主要来自该地区。

（3）买家概况：分析指定行业类目的买家数据，包括性别占比、年龄阶段占比、爱好（喜好度）、淘宝会员等级占比、终端偏好占比等，可以帮助卖家刻画该行业类目的用户画像。

图10-10　行业搜索词排行数据分析

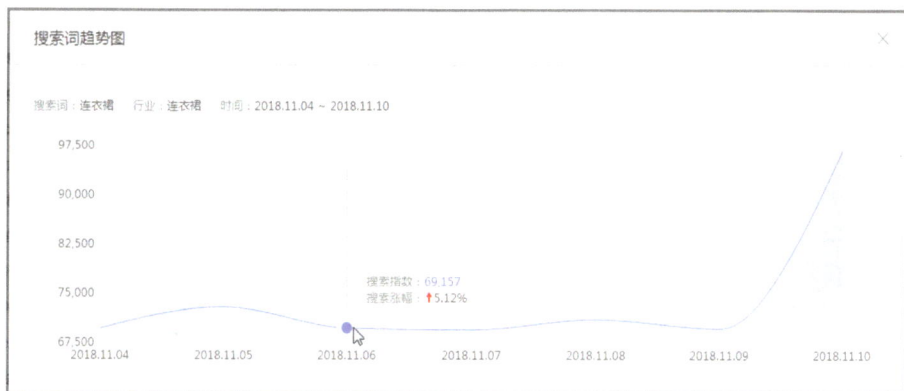

图10-11　搜索指数趋势图

（4）卖家概况：包括该行业类目下的卖家星级和经营阶段等数据，可以帮助卖家分析同行业的竞争对手情况，如图 10-12 所示。

图10-12　卖家星级和经营阶段

10.4 做爆款要先选款：四大技巧

做爆款要先学会选款，爆款产品本身可以很普通，但一定要受众广。除了产品本身的基本功能之外，还需要一些吸引点，如运营模式、推广模式、市场定位等，这些因素是决定爆款是否能够成功的关键。

本节介绍爆款选品的 4 个基本策略，这些把握商机、符合市场潮流的选品策略，能够让卖家事半功倍，快速爆单。

10.4.1 大盘选款

大盘选款主要是通过生意参谋的"市场洞察"功能，依次进入"市场"→"供给洞察"→"市场排行"界面，可以查看商品、店铺排行榜数量和品牌排行榜数量的 TOP 榜单。卖家可以看那些排名高于自己店铺一两级的相似店铺，查找风格类似的爆款产品，具体方法如图 10-13 所示。

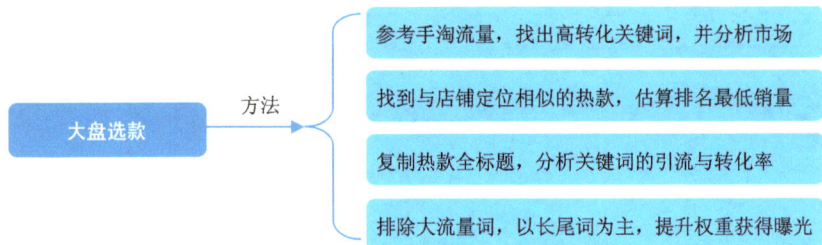

图10-13　大盘选款的方法

▶ 专家提醒

在测试爆款关键词时，一般不选用大流量词，大流量词可能在短时间内得不到好的流量，尤其是对于服饰、鞋包这种大类目的产品，可以加一些精准的长尾词。

卖家在进行选品调研时，也可以通过"市场洞察"功能来分析那些尚未饱和的利基市场，这意味着较弱的市场竞争、固定的需求受众和稳定的市场利润。

10.4.2 截流选款

截流选款的重点在于"截流"，其操作方法和大盘选款差不多，但不是找排名靠前的店铺和产品数据，而是找排名稍微靠后的，并以手淘搜索流量为主要依据。爆款产品通常有一个生命周期（如图 10-14 所示），截流选款就是选择出生期和成长期的爆款来打造同款。这些同款产品通常处于起步期，拥有较大的爆款潜力，是卖家做爆款主要的竞争对象。卖家可以从中找一些销量不高、没有使用直通车推广，且商家不会运营的店铺，做性价比更高的同款，然后利用直通车来截流反超。

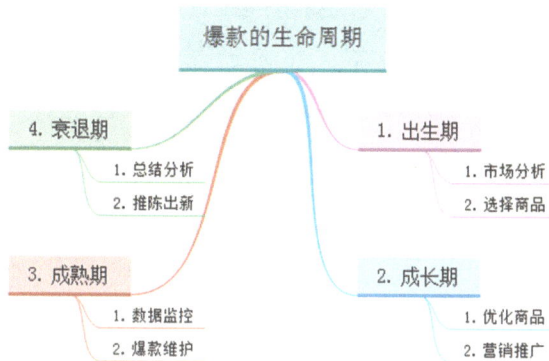

图10-14　爆款产品的生命周期

10.4.3　常规化选款

常规化选款的方法适合店铺中的爆款、引流款、利润款等多种产品类型，重点在于"稳中求升"。

● "稳"即保证所选产品是平台上的优质产品，不能有明显的缺陷，必须处在同行业中上游水平，其要求如图 10-15 所示。

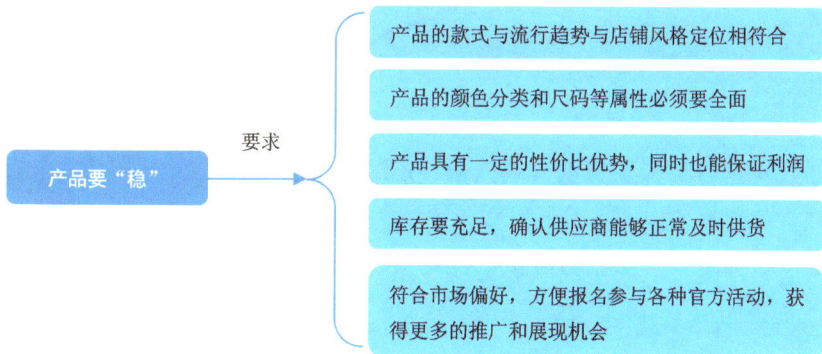

图10-15　产品要"稳"的要求

● "求升"是指产品除了满足上述要求外，还需要有自身特点和卖点，而且有可以打造出差异化的竞争优势，更快地在同类目产品中崭露头角。

10.4.4　个性化卖点选款

满足常规化选款的所有要求后，这个产品就可以算得上是一个优质产品了，大卖家做到这一步后，凭借本身的品牌、粉丝和推广等优势，很容易就能打造出爆款。但是中小卖家不能仅仅依靠常规化选款，而应该在"求升"的环节中再做提升，打造个性化的卖点优势，这样才能吸引买家快速下单。

例如，图 10-16 所示的这款打底裤产品，除了加绒加厚的基本保暖特征外，还加入了"魔术小脚"的亮点特色。在满足女性买家"瘦腿"需求的同时重点突出产品"高弹力"的品质特色，并推出 14 个不同的个性化款式，满足买家的多种需求和偏好。其月销量达到了 18 万多单。

图10-16　打底裤产品示例

如果卖家打算吸引更细分的人群，产品个性就很重要了。产品的个性就是吸引细分消费者的卖点。例如，现在自热火锅已经算是大类目了，竞争很激烈。但是做自热泡面，竞争者就少了约 95%。

打造爆款：
助力卖家突破运营瓶颈

爆款不仅可以给店铺带来大量的流量，而且还可以提升店铺的整体产品销量，帮助卖家赚到更多钱。当然，打造爆款并不容易，需要卖家整合所有的资源来集中打造。本章从 3 个方面分享成功打造一个爆款的方法：第一，爆款的营销思路；第二，爆款的打造方法；第三，爆款的全新玩法。

11.1 把握流程，新品至爆款的基本思路

首先来分析一下爆款的来源。对于通过参加活动、用直通车或者用超低价堆积出来的爆款，淘宝并不认为是一个好爆款，这些爆款就是淘宝一直宣称要去爆款化的那一类。

淘宝认为一个真正好的爆款应该是通过产品的高性价比和高口碑产生的，这意味着这件商品是被大多数人接受和喜欢的，是人气非常高的商品。这样的宝贝，淘宝肯定会进行重点推荐，这对店铺的综合权重有帮助。因此，淘宝爆款的基本思路还是"产品为王，方法为辅"。

11.1.1 赢得机会：新品期如何获得更多机会

淘宝会给新品提供更多机会，想获得更多的机会，卖家还需要做好以下几点（不用全部做，但都是很关键的点）。

1. 新品一定要有动销

新品最好在24小时之内就有销量，同时要做好全店动销（拉动销售），以提升店铺的综合质量得分。在获得"新品标"后，商家应马上让该新品突破零销量，以保证"新品标"带来的流量能够转化为销量，具体操作方法如下。

（1）删除那些零销量的商品，注意仓库中对应的商品也一同删除。

（2）通过新的链接，将这些零销量商品再次上新。

（3）在上新时，注意商品的标题、主图和商品属性等不要和别人的重复，需要重新设计，让系统可以判断出你是新品，从而快速得到"新品标"。

（4）即使发布的商品没有得到"新品标"，系统也会给予一定的扶持流量。此时，商家一定要注意，必须在7天内卖出一件产品，并得到一个带图的评价。当系统发现给你的流量能够有效形成转化后，它会选择继续支持你。同时，带图的评价可以打消消费者对新品的顾虑，从而产生新的流量。

（5）如果你的新品在一个月内都没有产生成交，此时就不要犹豫了，马上将其删除。系统给了流量却没有任何转化的商品，对于商家来说，不但没有任何存在的意义，而且还会对店铺动销产生不良影响。

2. 不要随便改标题和价格

标题应确保为全网独一无二的，而且主图最好自己做，哪怕是分销，也要

自己买回来一件商品，自己拍照片。

新品上架后，标题不要随便乱动，卖家在上架商品的时候就应该把标题、下架时间等考虑周全。如果非要改动，建议不要超过 4 个字，并且在凌晨的时候修改，因为这时候是最容易被收录的。

新品上架后，一口价的信息不能动，动了就会影响权重。如果想要调整价格，利用返现或者促销工具都可以调整。同时，全店的转化率、退款、店铺活跃程度、上新程度，这些基本工作都要做好。

11.1.2　考核指标：新品期自然搜索优化重点

新品期的自然搜索优化重点考核指标是没有一个准确答案的，大多数人完全是凭经验来操作的，但这些经验也非常符合逻辑。新品期一般是 28 天，也就是 4 个下架周期。在这 4 个下架周期中，凭经验来看，搜索引擎重点考核的指标分别如下。

- 第 1 个下架周期重点考核：点击率。
- 第 2 个下架周期重点考核：店铺停留时间（包括页面停留时间和跳失率）。
- 第 3 个下架周期重点考核：转化率。
- 第 4 个下架周期重点考核：带字好评率、分享率（也就是反馈状况）。

需要注意的是，这里将第 1 个下架周期重点考核定为点击率，是因为这个指标相对重要，并不意味着其他指标可以不管不顾。尤其是销量，作为自然搜索排序中的重要因素，是能最体现宝贝人气的数据。但是为什么高销量却不一定有排名？虽然淘宝也会告诉你一些销量和权重相关的规则，但实际情况是：你的高销量是用什么样的价格做出来的非常重要。

如果你是通过"秒杀""9.9 元包邮"这种亏本赚吆喝的方式将销量和权重提上来的，现在已作用不大了，因为淘宝想要的是"正常"价格的商品，而不是低价格的商品。低价格的商品往往会意味着质量的下降。所以，如果销量都一样的话，一般情况下，淘宝会优先展现价格高的商品。价格一样的时候，优先展现销量高的商品。

11.1.3　经营思路：店铺打造爆款稳抓这 3 步

不管是对于新手卖家还是老手卖家，在日益激烈的竞争中怎么把网店做好都是个难题。下面是淘宝天猫店铺的经营思路，店铺打造爆款必须稳抓这 3 个步骤。

1. 前期平稳发育

淘宝运营前期要选款、做主图、做详情等，不管你是第一次选货源，还是后期上新品，都会有这样的流程。

这方面除了大家熟悉的自己本身的优势外，建议多去看一下电视、杂志媒体的广告，看看那些新出来的流行产品，结合你的兴趣、爱好来选择。当然一旦选择好了产品，就必须要对产品本身做充分的了解。对于小卖家，建议选择小类目、竞争比较小的商品。具体判断是否是小类目，可以去看淘宝首页的宝贝数相对多少。已经选择好大类目的卖家，如果现在不容易做，也可以看一下自己目前销量好的商品细分类目是什么，可以挑选一两个出来单独做，如女装只做职业女装。

卖家在设置商品属性时，也可以参考淘宝首页或者第 2 页中的竞争对手中出现最多的属性，将这些属性都统计出来，不要怕麻烦。如果你的商品属性在前两页商品中都很少出现，后期做起来也会非常艰难。俗话说选择大于努力，对于爆款来说，选品这一步很重要。

2. 中期猛烈推广

对于淘宝运营来说，中期就是猛烈推广的时期。

（1）直通车商品的关键词选择很重要，如图 11-1 所示。卖家设置的关键词必须要跟商品类目匹配，否则是不会被展示的。例如，一件男装夹克设置了"连衣裙"这个关键词，但"连衣裙"关键词是属于女装类目的，那么就算卖家的出价是最高的，买家在搜索"连衣裙"这个词的时候，男装夹克商品也是不会被显示的。系统会自动根据关键词匹配对应的类目，如果你的商品类目和关键词所属的类目不匹配的话，那么出价再高也是没有用的。

（2）注意直通车的商品标题，同时商品的主图、价格也是很重要的因素。商品的标题、主图、价格是最先被买家所看到的 3 项信息，买家是否愿意来点击你的商品，就看你这 3 项信息是否够吸引眼球了。

- 主图要展示商品最完整的角度的图片。
- 标题要包括商品的重要属性和元素。
- 价格要抓住买家的购买心理。

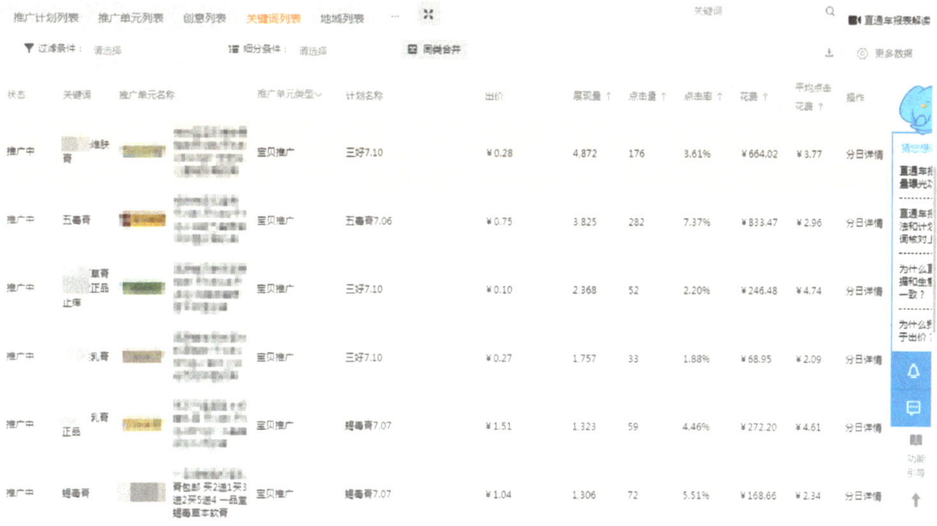

状态	关键词	推广单元名称	推广单元类型	计划名称	出价	展现量	点击量	点击率	花费	平均点击花费	操作
推广中	维肤膏		宝贝推广	三好7.10	¥0.28	4,872	176	3.61%	¥664.02	¥3.77	分日详情
推广中	五毒膏		宝贝推广	五毒膏7.06	¥0.75	3,825	282	7.37%	¥833.47	¥2.96	分日详情
推广中	草膏 正品 止痒		宝贝推广	三好7.10	¥0.10	2,368	52	2.20%	¥246.48	¥4.74	分日详情
推广中	乳膏		宝贝推广	三好7.10	¥0.27	1,757	33	1.88%	¥68.95	¥2.09	分日详情
推广中	乳膏 正品		宝贝推广	蝎毒膏7.07	¥1.51	1,323	59	4.46%	¥272.20	¥4.61	分日详情
推广中	蝎毒膏	膏包邮 买2送1买3送2买5送4 一品堂蝎毒草本软膏	宝贝推广	蝎毒膏7.07	¥1.04	1,306	72	5.51%	¥168.66	¥2.34	分日详情

图11-1　直通车商品的关键词

因此，中期的重点在于用直通车推广，打好每一场“团战”，如图 11-2 所示。

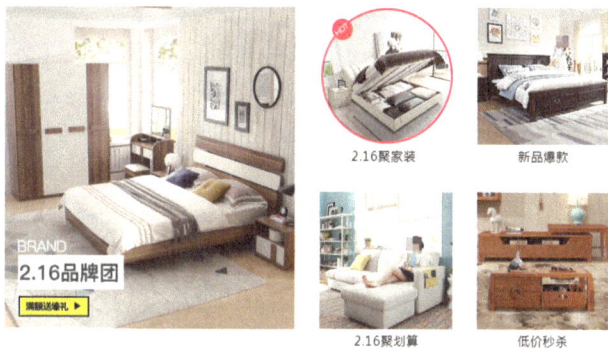

图11-2　用直通车打造爆款和参与各种专题活动进行推广

3. 后期定输赢

爆款销量达到一定量之后，转化率就会上升，有稳定成交量，就为店铺带来稳定流量。怎样充分利用这部分流量，提高客单价和二次购买率，涉及关联产品和搭配产品设计、店铺整体活动设计、数据分析和挖掘、爆款文案、客户关系管理等多个因素。

其中，在做关联产品和搭配产品设计时，除了本身产品图、细节图、流行趋势分析、功能特点介绍、产品材质介绍、详细的尺寸 / 尺码表、产品品质介绍和承诺、包装介绍等，还需要在第一重要的展示位置中插入关联产品，也就是同类型产品。然后插入店铺活动介绍（如果店铺活动力度大，则活动放在第一重要的位置），最后是搭配产品，如图11-3所示。

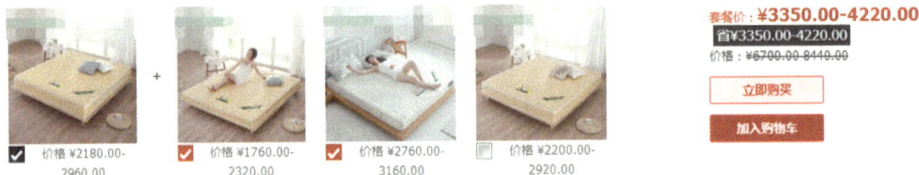

图11-3　搭配产品

之所以这样排序，是因为这里的流量，特别是直通车带来的流量，一般都是有这一类型产品需求的精准流量。如果买家不喜欢这个产品，卖家可以在该页面介绍同一类型的其他最优产品。店铺活动介绍是为了让用户返回主页，从而能展现更多商品。搭配推荐往往是为了提高客单价，通常建立在客户对爆款有购买意向的基础上，所以放到最末。

11.1.4　打造爆款：新品期快速冲上手淘首屏

PC端7天上首页是利用"新品权重 + 下架时间权重 +7 天的销量与收藏加购权重"这3个迅速上升的人气权重的重要维度达成的。然而手淘排名中基本没有下架时间权重，所以新品要想维持手淘排名基本可以忽略下架时间权重。

▶ 专 家 提 醒

淘宝发展这么多年，技术已经越来越透明。未来几年有两种类型的运营最有前途，一是产品经理型运营，二是资源整合型运营。当然两者兼有是每个公司都希望的，运营的核心工作应该是把 80% 的精力放在产品、服务和营销上。

新品期上手淘首屏的方法如下。

（1）价格：要想上首屏，产品售价必须符合上首屏的条件。以在手淘搜索"背带长裙"为例，如果首屏价格最低的宝贝是"32.9 元"，也就是说要维持在首屏宝贝价格必须在 32.9 元以上，这是硬性条件。此时，卖家可以参考"背带长裙"最受用户欢迎的价格带——最受用户欢迎的最低价格是 36 元，所以宝贝定价最好在 36 元以上。这也给卖家在选品定价的时候提供了一个思路，定价首先是找到用户市场价位，根据用户优化供应链来定价。

（2）坑位产出。还是以"背带长裙"为例，计算首屏 4 个竞品中每个竞品的坑位产出，保证自己的产出大于竞品坑位产出最低的那个。坑位产出等于售价 × 售出件数，例如，竞品最低的坑位产出是 100 元（售价）× 850 件（售出件数）= 85000 元，那么你的坑位产出必须高于 85000 元。

（3）销售人气。销售人气指的是 10 天有多少人购买了宝贝，而不是 10 天卖出去了多少件宝贝。同样以"背带长裙"为例，销售人数必须超过人气最低的竞品，同时结合超过竞品中最低的"坑位产出"，计算出自己需要的销售额及销售人数。需要注意的是，售价指的是用户实际支付金额，优惠券、红包等是不计入坑位产出的。

（4）转化率。无线端排名与 PC 端排名的区别是非常大的，PC 端的品牌、KA（Key Account，关键客户）对权重加分是非常有用的，无线端排名对品牌几乎无加权。但是很多人经过测试发现，无线端排名中转化率的权重非常大，尤其是新品。站在平台的角度考虑，无线端本来位置就少，所以必须要流量价值最大化，因此转化率的权重在无线端非常重要。女装在无线端转化一般在 1% 左右，很多店铺甚至不到 1%，而在将新品维持在首屏时，需要将转化率控制在 3% ～ 4%。

（5）收藏人气。收藏及收藏转化对于手淘权重的影响除了销量权重外，人气权重在所有权重维度中影响是最大的。这与手淘平台有关系。移动 App 平台，都把 App 打开率及用户停留时间作为一个重要的考核维度。卖家在将商品维持在首屏时，收藏人气比例通常是 15% 左右。当然也需要提升收藏之后的转化，收藏转化比例大概在总销售人气的 20% 左右。

（6）点击率。点击率与转化率始终是搜索权重中两个最重要的维度，维持新品在首屏的位置时，点击率至少为 6%，但不高于 10%。

（7）关键词。编辑关键词是维持首屏位置时非常重要的一个环节，以一个核心词为中心词，4 个词为延伸长尾词，且 4 个延伸长尾词属性必须相关。例如"背带长裙加绒""背带长裙加厚""背带长裙冬""背带长裙棉"，像"加绒、冬、棉、加厚"等关键词都与保暖属性有关。

（8）制作 10 天权重计划。

① 制作 10 天权重计划，在 10 天时间内迅速提高宝贝权重从而获得展

现。具体做法就是利用"老客户成交 + 真人搜索进店成交 + 收藏、加购"的结合。

② 具体各个入口占比如下。

真人搜索进店成交比例：50% ～ 60%。

先收藏再加购成交比例：15% ～ 20%。

老客户进店成交比例：20% ～ 35%。

③ 各个入口比例大约在以上区间，只要比例相差不大即可。如果你的真人搜索资源多，那么真人搜索比例可以大一点；如果你的老客多，那么你的老客比例可以大一点。

④ 老客可以通过已购买、收藏、加购、搜索店铺名、搜索品牌名、搜索标题进店。

⑤ 真人进店的流量，先不要卡价格，可以先搜索需要的关键词随便进 3 ～ 5 家竞品店铺去浏览，这几家竞品店铺的价格最好比自己家的价格高。然后再回来搜索自己家的宝贝标题或店铺名称进店成交，这样同样会计算关键词权重，并且权重很高。

（9）标题。

① 一个合格的运营者应该以产品为 SEO 布局思路，标题优化的思路是获取最多展现，然后根据展现及入口关键词来优化点击率及转化率。

② 判断标题是否优质。从标题包含的关键词个数看，关键词个数越多，展现机会就越大。

③ 看入口访客数，入口人数越多，标题越优质。

新品上首屏后流量并不会爆发，上首屏只是代表新品权重高，但因为累积销量及访客并不多，这时候展示的人群比例也不大。随着累积销量和访客的增多，影响的人群也更多，这时候流量才会大爆发。所以在上首屏后，产品转化不错的话，卖家一定要注意加大广告投入，引进更多的流量及转化更多销量。

11.1.5　持续火爆：让爆款能够坚持更长时间

爆款通常需要长久的生存能力，想要让爆款能够持续更长的时间，卖家还需要提升店铺的综合水平，主要包括以下 3 个方面，如图 11-4 所示。

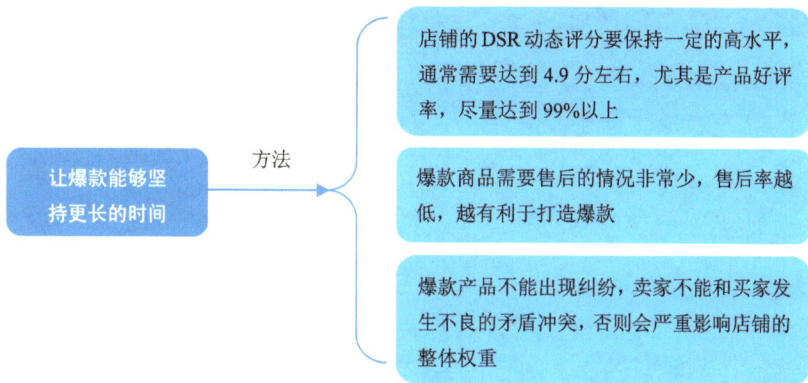

图11-4 让爆款拥有更长生命周期的方法

为了使爆款拥有更长的生命周期，卖家一定要做好这 3 点。

11.2 用好方法，快速打造爆款"流量王"

店铺有爆款是每个淘宝卖家都梦寐以求的，有了爆款，店铺就有了高转化和持续的流量。那么，怎么才能把一个产品打造成爆款呢？这个还需要一些操作方法和技巧，本节将介绍快速打造爆款"流量王"的 5 个技巧。

11.2.1 利用关键词卡位打造爆款

在店铺上新时，卖家可以给这个新品做一个淘宝首页关键词的"卡位"，这种方法打造爆款的效果非常好。

1. 选择适当的关键词

关键词卡位第 1 步是要选择适当的关键词，最好分析一下数据，做好即将上架的新品标题，选择核心关键词。

核心关键词就是与这个产品属性词语相关的，每天有大量的买家搜索的关键词。如果卖家能够把这个关键词做到首页的话，那就意味着每天都能获得源源不断的流量，并带来很多成交量。一个标题可以有 1 ~ 3 个核心关键词，卖家做关键词卡位的时候一定要耐心和细心，不能多个核心词一起上，必须一个一个来。

但是实际面临的问题是，一个新的产品刚上架根本就无销量，也没有任何人气、流量，核心关键词根本就找不到，怎么办？其实方法很简单，下面以马上要上架的一款连衣裙为例来进行讲解。

假设标题是"某明星同款春秋低领一字领露肩修身显瘦礼服连衣裙女夏"。那么，从标题中可以选择出 3 个核心关键词：一字领连衣裙、露肩连衣裙、低领连衣裙。但是问题来了，如果一开始就用"一字领连衣裙"进行搜索的话，肯定找不到这个产品，这是由于淘宝搜索规则里面有一条"紧密排列一致性优先展现"的原则，所以只要多加几个词即可，如"一字领显瘦连衣裙"。一般定向搜索所对应宝贝数量不是很多，所以很容易找到。经过定向搜索后，产品标题慢慢积累权重，然后逐渐减词，逐步向核心关键词靠拢。需要说明的是，这里所选择的关键词都是已经经过分析符合买家的搜索习惯的。

2. 卡关键词的位置

"卡位"的主要方法就是卡这个关键词的位置，也就是说商品上架的时间。一般情况下，做得好的商品可以在下架前 10 ~ 15 分钟进入搜索结果的前 3 页。

假设我们能有 10 分钟以上的时间排名在搜索首页，那是在周一早上 10：00 出现好呢？还是在周五晚上 20：00 出现好呢？这个时候就很难权衡了。这里再强调一下，商品在主打关键词搜索页的权重较高（至少不低），能够在这个词的搜索页第 1 页出现 10 分钟以上，才有分析上下架时间的意义。

如果你的宝贝竞争力强，可以简单地选择在热门时间段来上下架，可以用生意参谋等工具查看行业的大盘，如图 11-5 所示。

一般热门时间（也就是 UV 高峰期）主要分布在 3 个时间段，17：00 ~ 17：59、21：00 ~ 21：59 和 22：00 ~ 22：59。对于竞争力强的店铺来说，只要简单选择这些热门时间段进行上架即可。如果店铺的竞争力不够强，则要想办法避开人气高的宝贝。卖家只要知道一个信息即可，那就是"周一到周四相对热门，周五到周日相对冷门"。

这里以"连衣裙"为例，具体讲一下操作方法。

买家通常都不会搜索太长的词语，首先选择好 2 ~ 3 个关键词，如前面的"一字领显瘦连衣裙""露肩修身连衣裙"等，并将分析的对象确定为人气排序下的宝贝。人气排序下的宝贝人气分高，这些商品有足够的条件能够在下架当天提高排名。

图11-5　查看行业大盘的热门时间段

接下来利用创客工具箱抓出该关键词下面人气排序的数页宝贝，然后就可以进行分析了。首先分析第 1 个词"一字领显瘦连衣裙"，如图 11-6 所示。

图11-6　分析"一字领显瘦连衣裙"关键词

如果是搜索排名卡位，建议采用淘宝搜索，一般按照正常的综合排序即可；如果是分析市场的话，可以选择销量或者其他条件进行抓取。这里只需要选择综合排序，即可有效地进行关键词卡位，搜索出的数据如图 11-7 所示。看图片上的上下架分布，很显然红色的圈圈都是空闲的时段，店铺准备上新的新品选择红色圈内的时间段上架是最适合的。

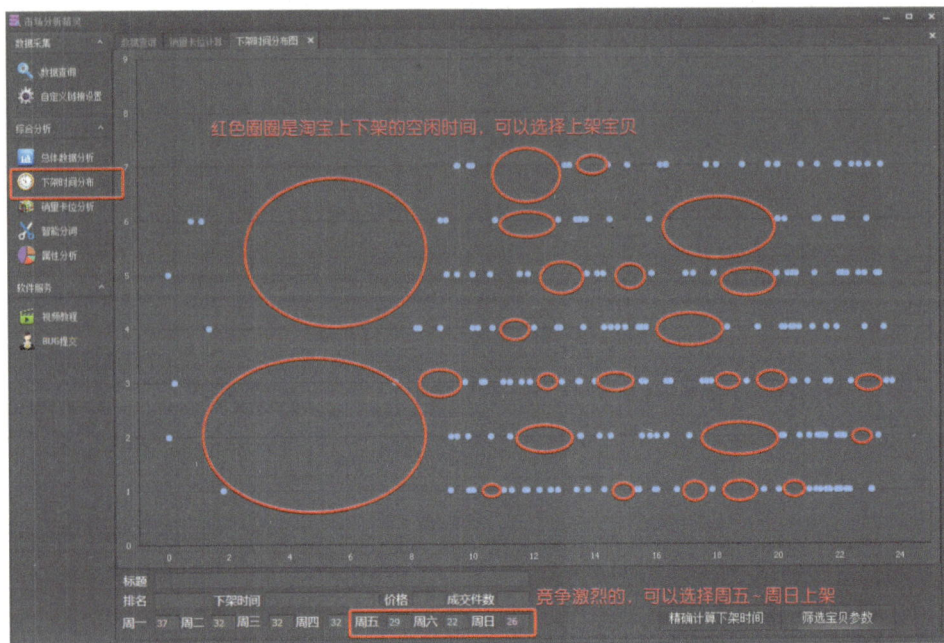

图11-7　下架时间分布数据分析

如果商品本身有销量，还可以设置一定的条件，如"宝贝卡位统计"。如果数据显示呈绿色，那么你的商品不会存在多大的竞争，也可以在绿色的位置进行上架宝贝，如图 11-8 所示。

上图是关键词"一字领显瘦连衣裙"的分析数据。接下来，用同样的步骤和方法分析第 2 个词和第 3 个词，甚至抓取第 N 个词的数据进行分析，选择适合的时间进行上架。

关键词卡位，其实就是选择适当的上下架时间，卖家只要分析几个核心的关键词即可。前面确定过的主打关键词是少不了的，如果还有其他的关键词，也可以在工具中加进去，一并进行分析。

另外，如果卖家要避开某个竞争力很强的宝贝，可以先研究这个词的"提前排名"时长。假设对方能够提前排名，那么我们就可以知道，在某个时间段内可能发生和对方冲突的情况。

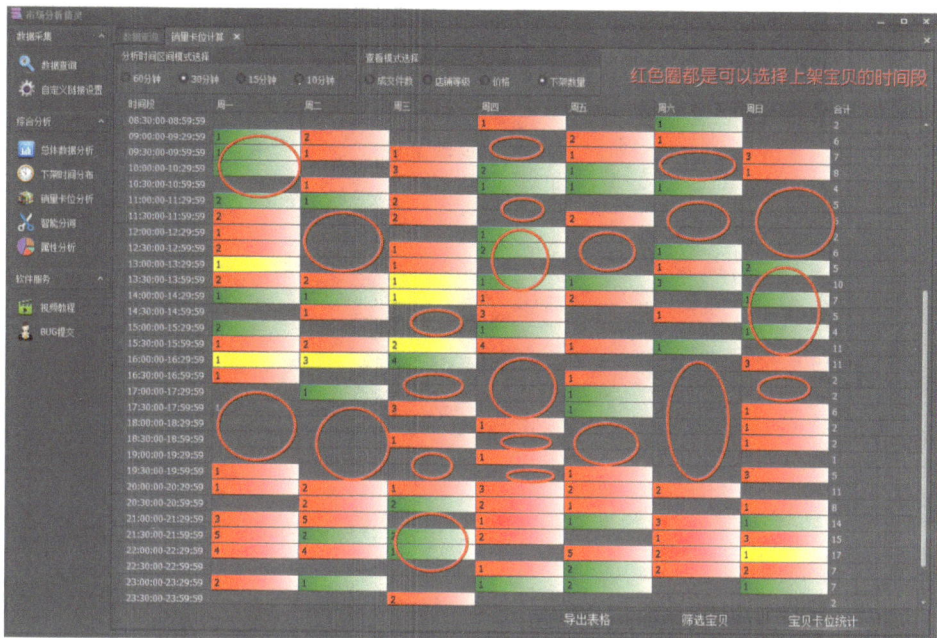

图11-8　销量卡位计算结果

　　例如，某个店铺跟你卖的是同款，他的宝贝是在周五的 16：00 下架，在你的主打关键词下（对方的标题也有这个词）可以搜索到对方。行业的提前排名时间是两个小时，也就是说，对方人气高的话，可以在周五 14：00 ~ 16：00 这段时间排在搜索页的前面（1 ~ 3 页）。对于你自己来讲，如果要至少保证有 10 分钟的时间能出现在前面，那么你可以在 14：00 前上下架，或者 16：00 后上下架。

11.2.2　利用大促活动打造爆款

　　在淘宝天猫的大促活动期间，如"双 11""双 12"等，往往都有很大的流量和很高的转化，是打造爆款的良好时期。

　　下面以"双 11"为例，介绍打造爆款宝贝的流程和技巧。

1. "双 11"活动前：预热

　　不管是卖家还是买家，都非常期待"双 11"这种大促活动。尤其是对于卖家来说，都想要在这一天获得更多的订单，这样才会有可观的收入。这就需要卖家在"双 11"之前做好准备，对活动进行预热，相关事项如图 11-9 所示。

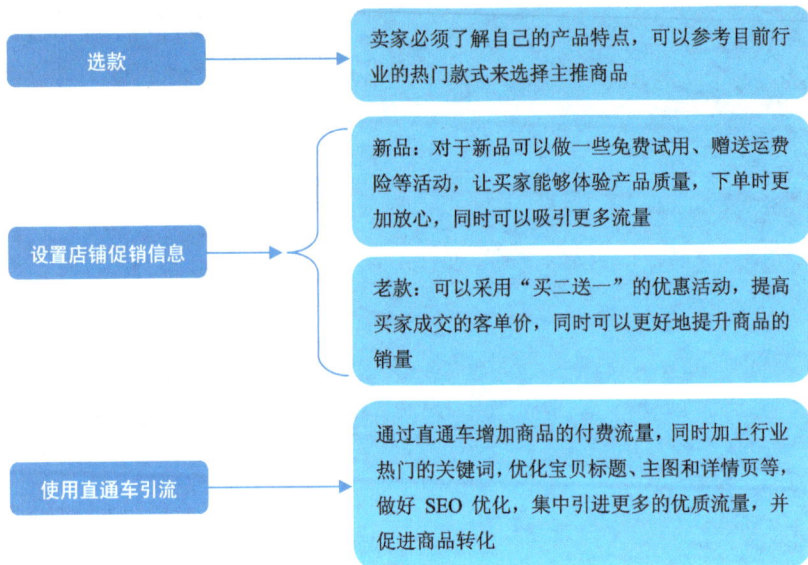

图11-9 大促活动前的预热准备

2."双11"活动当天：快速爆发

"双11"当天一定是要冲数据，所以被大众需求的爆款肯定会优先被推荐。因此，在"双11"活动当天，推广引流仍然是卖家的主要任务，可以从促销和直通车两方面入手，具体方法如图11-10所示。

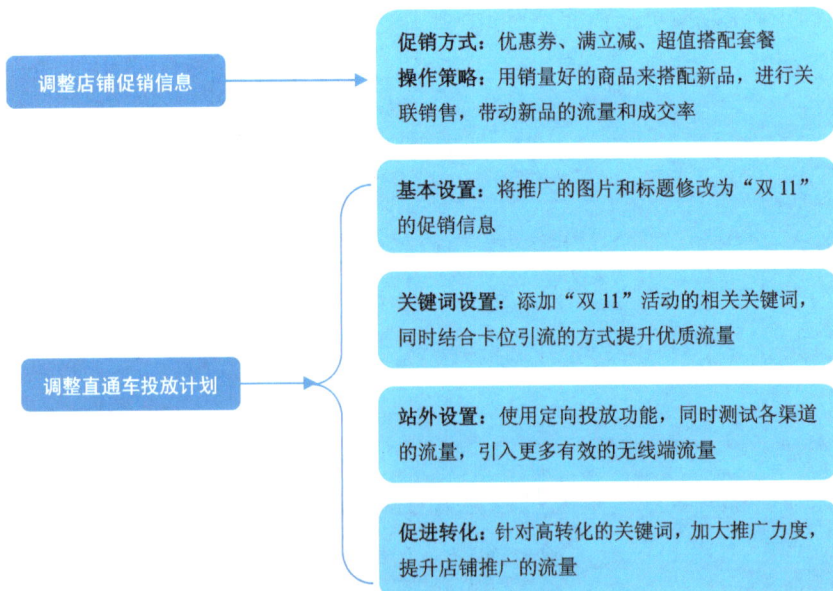

图11-10 大促活动当天的推广技巧

3."双 11"活动过后：收获以及巩固

经过"双 11"活动后，产品排名基本已经在同类目的前列了，但是如果想长时间保持爆款效应，必须要懂得做巩固工作，相关技巧如下。

（1）保持店铺促销活动：可以继续沿用之前的促销信息，向那些在"双 11"当天没有下单的买家提供同样的优惠，保持爆款流量的稳定性。

（2）调整直通车方案：更换掉"双 11"活动的图片和关键词，尤其是那些没有什么流量的关键词，一定要及时进行替换和优化，并添加一些行业点击转化率较高的关键词，让优质流量集中在 ROI 较高的关键词上。查看直通车报表，根据转化率调整推广技巧，控制无效成本。

（3）淘宝客与直通车结合推广：淘宝客推广可以帮爆款宝贝稳固销量，保证商品排位。用直通车推广相辅助，可以稳固商品流量，让商品维持销量。

11.2.3　利用官方活动打造爆款

除了大促期间的活动外，淘宝天猫官方还会推广很多活动。卖家可以以站内资源为主，积极参加及策划各类活动，配合所有资源，全力打造"爆款"。卖家可以在后台进入商家活动中心，在此创建活动，如图 11-11 所示。

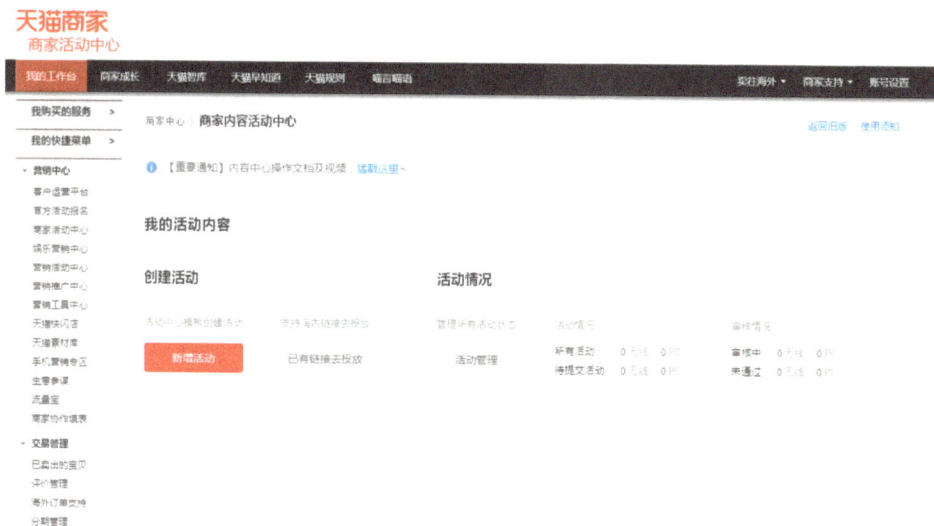

图 11-11　商家活动中心

在左侧的导航栏中选择"营销中心"→"营销活动中心"选项进入其页面，可以在此设置筛选条件找到相应的活动来报名，如图 11-12 所示。

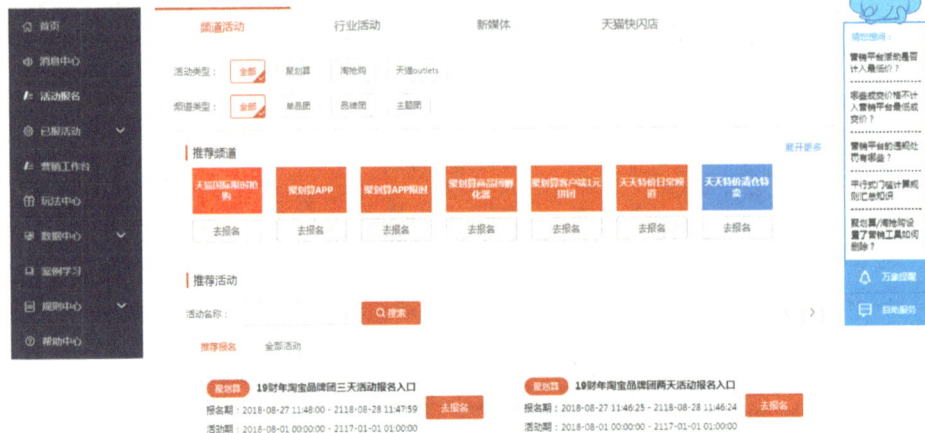

图11-12　营销活动中心

在"推荐频道"中点击"展开更多"链接，可以查看更多的官方推荐活动，如天猫国际限时抢购、聚划算 App 限时、聚划算商品团孵化器、聚划算客户端 1 元拼团、天天特价清仓特卖、天天特价 9.9 包邮、天天特价单品优惠券、今日特价王等，如图 11-13 所示。选择相应活动后，点击"去报名"按钮，根据提示进行操作即可。

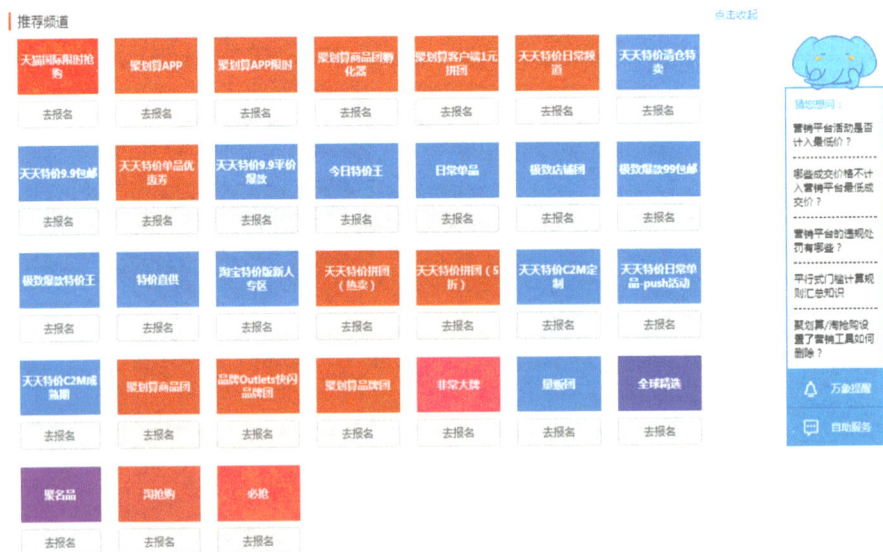

图11-13　官方推荐的频道活动

淘宝天猫的官方活动非常多，卖家一定要找到适合自己店铺的活动去报名参与，一定要判断平台活动特征是否符合自己的店铺或者单品，有时候还要考虑平台的流量对单品的人群标签是否有影响等。下面以淘抢购活动为例，介绍利用活动打造爆款的运营方法，如图 11-14 所示。

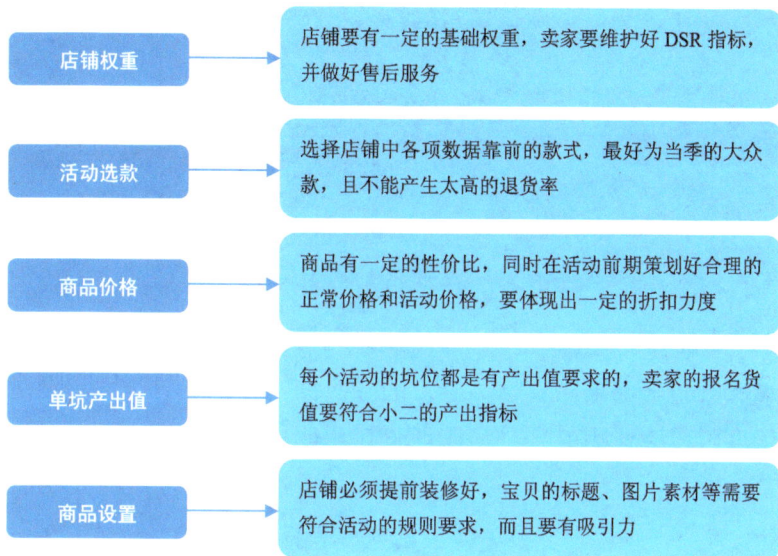

店铺权重	店铺要有一定的基础权重，卖家要维护好 DSR 指标，并做好售后服务
活动选款	选择店铺中各项数据靠前的款式，最好为当季的大众款，且不能产生太高的退货率
商品价格	商品有一定的性价比，同时在活动前期策划好合理的正常价格和活动价格，要体现出一定的折扣力度
单坑产出值	每个活动的坑位都是有产出值要求的，卖家的报名货值要符合小二的产出指标
商品设置	店铺必须提前装修好，宝贝的标题、图片素材等需要符合活动的规则要求，而且要有吸引力

图11-14　淘抢购活动的运营方法

11.2.4　利用个性化标签打造爆款

现在很少有人敢做两年后的店铺规划。尤其是无线端时代，营业额说降就降，流量说掉就掉，而卖家丝毫觉察不到真正的原因在哪。产品迭代的速度很快，碎片化的流量渠道难以捉摸，供应链体系难以柔性化，中小卖家的压力越来越大。但至少你能意识到一点：经营好你的用户标签。如果经常打乱用户标签，只会加速店铺下滑的步伐，如这些行为就是不可取的：风格经常变换、上新产品差异很大、视觉定位不精准、营销手法不匹配等。

所以，标签化时代，要求所有卖家认真思考和经营！无线端的视觉表现方式越来越趋于简洁、个性、有趣。小小的手机屏幕，让竖屏思维开始占据消费者的心智，再"高大上"的 PC 页面也无法得到更多的营业额。

淘宝强调"千人千面"，也就是给不同的买家推荐不同的产品，用到的就是个性化标签。因此，个性化标签的价值非常大，可以给匹配标签的商品带来更多展现机会，从而使之有机会形成爆款。利用个性化标签打造爆款的相关技巧如图 11-15 所示。

定位清晰	→	店铺的定位越精细，就越容易获得系统的流量扶持，建议删除与主营类目不相关的商品
人群定位	→	通过直通车、钻石展位等工具来筛选店铺的目标人群，做好店铺人群定位，加强标签属性
老客户营销	→	多做老客户的营销推广活动，给他们提供更多优惠和福利，老客户进店复购不仅可以增加更多权重，而且有利于打造更加精准的个性化标签

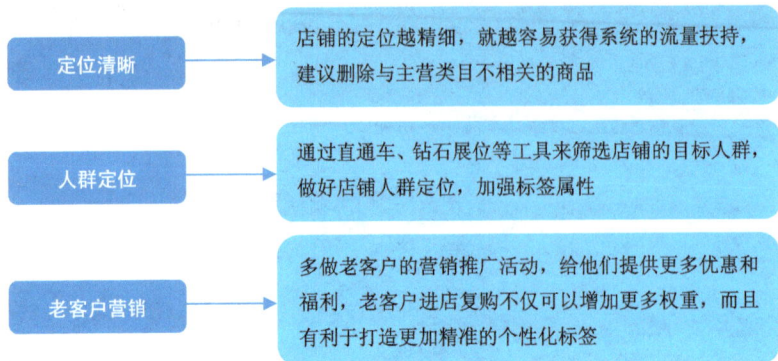

图11-15 利用个性化标签打造爆款的相关技巧

如今，打造一个品牌更多的是在打造一种文化、一种生活方式。卖家必须考虑品牌阶段性的变化，除了重塑与梳理，还要考虑它的连贯性和持续性，更重要的是它的前瞻性。品牌力的阶段性打造，体现在什么阶段该扩充品类、什么阶段该运用IP、什么阶段该启用明星合伙、什么阶段该延伸子品牌等。

当然，这一切的支点，需要从一系列精准的个性化用户标签开始，唯有标签精准，才可以贯穿始终。有了足够精准的用户标签，你才能描绘一个画像，从而再构建一群人的画像。研究精准的标签，就等同于研究使用你的产品的精准人群。

即便产品再强大，运营手法再厉害，这个时代的变化也是瞬间的、无形的。粉丝经济到来了，每一个商家都应该用"媒体主编"的思维来经营你的店铺和粉丝，就如同是经营媒体一样，需要不断生产出有趣的内容，才能顺应时代的趋势。你的每一件产品，都销售给同一类标签和品味的用户。没有"主编"能力的商家，在未来的营销上一定会吃亏。因为用户在新消费行为下，特别注重购买过程中产品与服务的体验性，偏好社交性与娱乐性。

那么，怎么利用标签来匹配视觉体系呢？下面介绍具体的方法。

1. 找出尽可能多的用户精准标签

通常我们描述店铺定位的标签是年龄18～25岁、在校大学生或是刚踏入社会的年轻女性、时尚休闲人士等类似阐述。其实，这样描述是很片面、很肤浅的，任何一个视觉设计师都很难从中找到一个突破点。

因此，我们应该找出更多的标签，譬如性格特征、消费能力，或喜欢化妆、爱美、养宠物、喜欢旅游，或爱吃的水果、喜欢看电影等。

2. 用倒推法策划

假设店铺未来一年要请一个明星代言或者合伙人，你会请谁呢？这个问题值得你认真思考一个星期，甚至一个月，因为你必须力争找到同标签匹配的"明星"，这样才能找到正确的策划方向。

假设你的产品是中高端女装，消费人群是一线城市的高级白领，她们的标签是性格干练利索、受过高等教育、月收入比较高、商务活动频繁、有爱心、热爱公益慈善等。以"某明星"为例，首先大量搜集她的图片，然后挑选出符合风格的照片。

下面来找一找"某明星"的标签属性："某明星"，个性率直，一向给人一种独立、个性、低调、坚韧、仗义的"大女人"感觉，勤勉敬业，踏实律己，用实际行动传递着正能量；在表演上，她是一个有弹性、"戏路"广、具有大片"符号感"的女演员，可以驾驭各种题材，对角色演绎入木三分，好演技使她多次获得了权威奖项的肯定；之前她演过很多动作电影，可以说是名副其实的"侠女"；同时，"某明星"与时尚紧密贴合，她超模般的硬照表现力受到各大时尚杂志的推崇，其独特的气质，也让她备受高端品牌青睐；除演艺事业外，"某明星"热心公益，发起并亲自参与多项环保慈善活动，积极投身其中，担起了回馈社会的责任。

总结之后，可以从以下 7 个维度分析搜集到的"某明星"代表性图片：性格特征、风格调性、神态与动作、灯光与道具、妆面造型、场景化、配饰。

（1）从性格特征上：找到吻合产品风格的特征，如个性独立、干净利落、简约大方。我们常说的品牌性格、品牌气质，首先体现在了使用我们产品的客户群的性格特征与生活方式上。一个明星的气质，往往代表了一个品牌的气质，并赋予品牌某种"符号特征"。

（2）从风格调性上：深蓝、紫色的冷色调可以给人坚实、强硬、神秘、梦幻的感觉，并具有强烈的女性化、沉稳的特性，也具有理智、准确的意象。设计产品页面的时候，可以找到类似的素材作为设计中的辅助元素，也可以找更多的相关素材作为设计依据，在同一色系里面去运用。如可以以蓝色为基本色调，将紫色和黑色作为辅助色。

（3）从神态与动作上：眼神坚定，自信有力，从容淡定；动作幅度较大，肢体语言极具张力与弹性，体现出一种动态的女性魅力，以及时尚感和国际大牌感，与品牌的调性诉求吻合。

（4）从灯光与道具上：采用了聚焦的硬光造型，加强了影调的反差，深刻的影子极具戏剧性与趣味性，直接体现了硬朗的独立个性；扶杆、气胎和凳子等辅助道具，强化了线条的魅力。

（5）从妆面造型上：略带低饱和的古铜色肤色，显得健康；加长变尖的眉角和眼影，刻画出率直有力的个性特征，加深了画面的记忆形象；盘起的头发显得干净利索、落落大方。

（6）从场景化上：采用了虚实结合的组合手法，颗粒感的墙体加强了画面的层次感和立体感。

（7）从配饰上：夸张的金属手链配饰，凸显十足的现代感和品质感，点缀了整体画面的协调感。

以上这些维度，构成了视觉的基本要素，卖家还可以不断进行延伸，在这里不过多陈述。由此可以知道，一份好的策划都离不开精准的品牌定位和用户标签，并贯穿始终。我们需要不断地坚持，不断地优化。有了清晰的标签描述，我们可以围绕品牌定位开展店铺的LOGO设计与物料设计，以及字体系统设计，规范店铺的设计元素与风格。

在店铺还没有条件请"明星代言"的初级阶段，卖家可以从挑选模特的时候就开始留意，同样可以利用精准的标签化，不断寻找类似"某明星"的模特形象，并用统一的手法拍摄，完善店铺的视觉调性。

独特的视觉表现，往往能够快速传达品牌的理念。卖家应在优化视觉的同时，不断地理解品牌的宽度、深度以及广度。无线端时代的流量，更多是来源于详情的主图，5张主图的效果直接影响着点击率、转化率和跳失率。卖家一定要在主图上下功夫，把主图当成是一个完整的浓缩的详情页，把主图设计当成是品牌策划的一部分。

好的品牌故事可能不会体现在无线端的页面上，而是运用在营销的策略里面。随着自媒体时代的到来，卖家需要把品牌理念不断地优化和传播，吸引更多的粉丝关注。无线端的首页已经实现了"千人千面"的个性定制，卖家需要把不同类型的客户需求做细分，把精力集中在无线页面的模块上，从而提高店铺的转化率。同时，我们正在进入一个导购时代。直播也好，微信、微博、微淘也好，自媒体也好，无一不是为了导购。视觉系统一定要在品牌形象基础上融入导购的思维和逻辑。钻展是最直接、最有效的引流渠道，也最考验设计师的设计能力。千人千面的模型下，要深度玩好用户的个性化标签，钻展最有说服力。尤其是达摩盘的标签应用，可以重塑品牌定位与提升品牌。

11.2.5 使用淘宝智钻打造爆款

现在的店铺主流的推广方式都是选择一款单品来推，先集中精力打造一个爆款，再做好关联销售带动店铺流量。下面整理出了一套关于通过淘宝智钻打造店铺爆款的操作方法，只要有强的执行力，你一样也可以打造爆款。

1. 测试潜力款

在卖家刚上架产品时，并不知道哪一款产品会被更多的用户认可而成为爆款。因此，卖家就需要进行潜力款测试。所谓潜力款测试，就是卖家经过数据分析后，根据竞争对手卖得火爆的款式产品，把自己相似或差不多的产品拿出来，去做智钻测款。

测试产品是不需要花多少钱的，主要是测试数据。将智钻测款中数据比较好的款拿出来做爆款的备选。然后再将备选款进行智钻测试，挑选出添加购物车数、收藏数、转化率、好评晒图率最高的那款，就是能够成为爆款的产品。

2. 前期提升销量

当产品测试出来后，前期还需要提升销量，因为测试款基本都是以数据为主，能够产生的销量有限。当然，如果卖家的推广预算比较多，也可以直接通过智钻去打造销量。

3. 开通淘宝客

开通淘宝客的目的是吸引真实的客户来增加销量。具体的方法就是用优惠券的形式，让淘宝客推广过来的客户尝到甜头。例如，平时卖 199 元的服装，淘宝客推的价格为 99 元，剩余的 100 元以优惠券的形式领取抵消现金，然后再下单购买。有了这样的优惠，找淘宝客推广可以快速吸引大量流量。

4. 达人合作

光靠自销、淘宝客推广还不够，还需要将推广渠道放大。在淘宝上能够快速见效的推广就是达人推广，例如淘宝直播、淘宝头条、今日特卖、有好货、必买清单等，都是达人推广的常用手段。

重要的是，达人推广出去的只需要给对方佣金即可，不需要再做打折或者发放优惠券之类的促销，比用淘宝客推广更加划算。只要达人的粉丝优质，月销过万也不是什么难事。

5. 智钻推广

当卖家有了大量的销量、好评如潮，这时候再做智钻推广，效果就会更好。因为经过前期的测试和预热，就已经证明了这款产品深为大众所喜爱，所以这时候利用智钻做引流推广，自然能够获得高成交、高转化。

以上 5 步就是使用智钻打造淘宝店铺爆款的基本思路，当然，用直通车推广会加快爆款打造的进程，但是直通车更适合有资金和技术的大卖家。

11.3　爆款技术：直通车 + 自然搜索四维玩法

开淘宝店的目的不用多说，肯定是盈利。要想盈利，首先要能够把产品卖出去。为了在淘宝上把产品卖出去，就要让我们的宝贝让更多的人看见，然后下单。那么，怎样才能快速让我们的宝贝获得曝光排名，从而短时间的销量爆增呢？本节将介绍"直通车 + 自然搜索四维玩法"这种快速打造爆款的技术。

11.3.1　什么样的款式会火爆

如果商品款式没有选好，那么你后面做再多也是白搭，这就是常说的"方向不对，努力白费"。当然也不排除一些卖家有钱硬砸的，但这里主要讲的是中小卖家做"爆"店铺的方法。

先确定自己产品的类目以及店铺风格属性的关键词，然后在市场行情里面搜索行业热度，找到竞争对手的关键词，选择可以抢到流量和销量的关键词，选择 10 ~ 20 款产品来分析。确定目标之后，选择目标词前后的词去做延伸，通过小词带动大词。你竞争不过一些大卖家，但你可以先从二、三级词开始做，这样会爆发得比较快。

11.3.2　新品期，高权重排名宝贝布局

一个新品上架肯定就希望获得流量，让官方搜索引擎抓取到。问题就出在

这里，为什么你的宝贝上架之后没有流量，也没有展现呢？这个时候你就要注意你的宝贝是否发布正确了。

1. 正确发布宝贝

肯定有人会说，发布宝贝谁不会，只要按照要求填就可以了。而越是这些简单的事情，越容易被忽略，在发布宝贝时一定要注意下面这 4 点。

（1）发布到正确的类目。如果你不知道自己商品的类目是什么，可以参考同行的类目，属性一定要精准，这是会影响后面开直通车的效果的。

（2）主图和详情完整。产品图片要清晰，不要有"牛皮癣"，还要去同质化。主图只要突出卖点即可，不要把所有的东西都加在主图上。人的精力是有限的，看不了那么多，店铺装修简单大方明了即可。

（3）加权设置。做好宝贝的加权设置，主要方法如下。

● 价格加权：使用打折软件，提升产品性价比。

● 保障服务：提供 7 天无理由退换货、运费险、包邮等服务，开通信用卡、余额宝、蚂蚁花呗、快捷支付等支付方式。

● 加入公益宝贝。

● 支持淘金币抵现。

（4）定价合理。定价太高没有人买，定价太低会直接被官方屏蔽掉。一款宝贝该定什么样的价格，卖家都是可以在行业里面看到的。定价既要考虑能尽快收回投资，获得利润，又要有利于消费者接受新产品。

2. 直通车选词

直通车选词的相关技巧如下。

（1）选择精准的关键词。精准关键词的标题组合模式为"核心词＋属性词＋一级词＋二级词"。然后通过直通车数据来分析所选择的词，对展现量在 2000 ～ 10000 的词进行推广，其他的词删除。同时也要注意选择的精准关键词要符合宝贝属性，这样在后期才能通过直通车带动自然搜索。最后选择 3 ～ 5 个精准关键词去推广即可。

（2）提升基础销量。新品上架 72 小时之内，必须要让宝贝获得自然搜索流量，单个关键词访客必须达到 10 个以上。

（3）提高质量分。把精准关键词添加到创意标题提升创意质量分，如此循环两次，你的初始质量分就会得到提高。

11.3.3　跨度期，高价值排名助力

在产品的跨度期，卖家要做的就是利用直通车带动店铺的自然搜索，打造高盈利的宝贝。毕竟直通车是非常耗钱的，我们都希望有免费的流量进来。

下面介绍跨度期的具体操作方法。

（1）个性化"千人千面"提高宝贝收藏加购。可以找淘宝客帮你推广产品，佣金定在 10% ～ 30% 即可。在做推广之前，一定要做好宝贝的基础数据，那就是 3 件基础销量、3 个好评晒图以及维护好"问大家"板块，这样推广效果才会好。除了淘宝客，微淘也是很好的选择渠道，可以发图文广播来积累粉丝，带动个性化权重。

（2）运用营销工具推广。卖家可以通过店铺宝箱和手机营销来让宝贝获得更多的曝光，这些都是很实用的营销工具。

（3）直通车选词。首先需要将标题里面的自然搜索核心词添加到直通车关键词里面，然后地域投放时一定要开高精准地域。需要注意的是，直通车添加的关键词必须是展现量在 5000 ～ 10000 的关键词，开 10 ～ 40 个即可，"1/3 大词 +2/3 长尾词"来组合标题，每个词建议控制在 300 ～ 500 展现量。

11.3.4　爆发期，低价引流获取利润

在后期，卖家要做的主要就是利用直通车低价引流，带动店铺的宝贝权重。

（1）添加的关键词必须是该行业高转化的关键词。卖家可以结合市场行情，找到行业里面多款宝贝的高转化关键词，参考这个关键词将多个二级词放到标题里面来进行延伸操作。

（2）优化直通车。这个时候卖家可以开多个计划，保留 14 天有收藏加购和转化销量的单个宝贝计划，其他的删除。然后把高投产的词单独放在另一个计划里面，降低扣费。接下来在原来的计划里面重新添加新词，新词数量在 200 左右，用来挑选最优质的关键词。其中，展现量在 200 ～ 300，且 7 天内有点击、收藏和加购的词可以加大推广力度。最后，用同样的方法把 14 天中投产高的词添加到新计划里面。